房间里的万象

始于你我直至
宇宙尽头的科学

［英］
海伦·阿尔尼
史蒂夫·莫尔德

著

钟与氏

译

重庆大学出版社

目　录

009

013

017

021

057

095

133

169

209

239

273

277

马特·帕克（另一个科学咖）写作的前言
科学奇客节，那是啥？
谁是海伦和史蒂夫？

致谢
译者后记

~~马特·帕克~~（另一个科学咖）写作的前言

　　我和海伦、史蒂夫一起，为"科学奇客节"工作了十年（就是过去那十年），看着他们把各种各样的科学概念带入生活、搬上舞台，真是太带劲儿了。我的领域——数学——传达起来很容易：我设好需要的等式和公理，让观众推断出自己的理解方式。而海伦和史蒂夫需要引导观众，探索实验设计的种种精微奥妙之处以及各种迷惑人的陷阱。

　　我们这个三人组始于现场表演，但一直想要拓展到写本书什么的，让人们可以在家里舒舒服服地享受其中的乐趣。我们想弄个"科学奇客节"的预制作版本，这样人们可以按照自己的步调体验数学和科学。于是我们录制了 DVD。

　　后来有机会写本书详述"科学咖"范儿的数学与科学，我们觉得它和拍摄下来的节目会很配，但可惜那时我正忙于写作《一本错的书》。

　　所以，最后的决定是海伦和史蒂夫应该带着科学的部分继续前行。他们不需要我拖后腿。他们可以聊遍从自体实验到宇宙尽头的一切，你手中的这本书里的每个词都倾注了他们充满感染力的热情。一部动力之诗。

海伦→H

史蒂夫→S

　　不过呢，我还是可以更高效地贡献自己一份力的。就像这篇前言一样，我还发了 131 页的密集数学内容给海伦和史密斯放进这本书里，是我好不容易塞满的。为了给读者留练习，我删掉了好多有趣的部分，而且这练习可累人了。如果说海伦、史蒂夫他们的部分带着你漫步科学风景，相比之下我那部分更像数学马拉松。

　　那么，请好好享受他们的部分。你会从中体验到我和他们在之前的 1×10^{I}（致一个重要的数字）年里一起工作的感觉。这本书就像在纸上阅读他们的大脑涂片。我假定我所有的工作都会作为附录加在书最后。 H1+S1

马特

H1+S1 　没错，请留意我们的续篇，《不会出现的等式》。

很难说清我们是干什么的。乍一看很简单：我们站在台上说（偶尔唱）科学。以及（重点！）人们付钱让我们干这个。过去7年里，我们有了一批热衷"挠挠大脑"的好奇宝宝观众，其中某些人当时正处在酒精和笑点低的影响下。

可这不是本书嘛！

说得好。我们长期搜寻能让人脑子一麻的点子、实验和故事，把最喜欢的那些写进这本书。有些很好玩，有些很傻，还有些二者兼具。所有这些点子啊、实验什么的会涉及的科学玩意儿，你现在身边就有，不过你以前可能从未有机会往那方面想。而且你以后就再也回不去了。

你指哪种科学玩意儿？

灵光乍现的"啊哈！"瞬间；如儿时般伸手握住的身边科学；一个新想法让头顶咕嘟冒泡的感觉；那些始于微末而又贯穿生活始终的科学。

拜托！具体些……

啊，你是说，这本书实际上是讲什么的？好吧，让我们从基础开始，从你了解最多的那件科学装置说起……也就是你自己的身体：满载怪事与疑问的移动实验室。在第 1 章里，你会找到第一手的答案。第 2 章将快速过一遍你放进这个躯体的东西，做些关于吃的实验，谈些不寻常的真相 —— 你心爱饮食的真实来历。第 3 章将带你前往神经中枢去见顶层大老板：大脑。我们会教你些温柔的手段，戳戳看它是不是真像你想的那样掌控一切。再来是看看我们周围的世界，我们精心整理了一个"灰姑娘"元素周期表 —— 那些通常没能受到应得关注的元素。它们几乎必定现在就在这个房间里，跟你和第 4 章在一起。接着，是时候加入一些合作者了！不要勉强自己独身一人搞科学。等看到第 5 章时，去找几个朋友，照着本章的手把手指南，一起用家庭实验和科学鸡尾酒配方搞派对吧。

第 6 章舞台的中心是宇宙。我们从地球的视角观察空间，也从外部空间的视角理解地球。在这里，你将理解外头有些什么，并欣赏超特别来宾"恒星"

的彩蛋演出。最后，第 7 章里，我们将携手探索未来科技：那些推进生活、摧毁生活以及重新定义生活的技术。毕竟，最好还是多少知道一点从眼下直到时光尽头这段时间会发生什么啦。本书将对一些主题深入挖掘，有时则浅尝辄止。无论是哪种情况，这本书里满满都是你在别的科学书里看不着的东西。

我应该怎样阅读《房间里的万象》？

用眼咯。还要用脑。不过本书不止可以读，书中处处是你可以在家里尝试的实验。你也不需要按顺序阅读所有内容，请尽情跳着翻到自己感兴趣的部分。

如果阅读过程中有什么想要和我们分享的，可以在网上找到我们。我们在 Facebook 和 Twitter 上：@moulds, @helenarney 和 @FOTSN，也来看看我们的 YouTube 频道吧。勘误请电邮至：straight_in_the_bin@fotsn.com *

我想做所有的实验！

棒极了！不过你自己得靠得住。基本上，这就是说，别犯傻。这本书里最好玩的实验通常也是最危险的，所以请务必保证安全。在做任何事之前请花点时间考虑一下风险，并记住：你的安全是你自己的责任。这些实验不可由儿童或不计后果的成人来做。其中一些实验涉及酒精或用火，这些实验不可同时进行。

谁是海伦和史蒂夫?

当你看到这个标记，就意味着书里这部分是海伦写的。你能从眼镜和实验室大褂认出她。虽然她有物理学学位，不过海伦从未真正需要穿实验室大褂才能做科学实验。所以这儿是她唯一穿白大褂的机会了。

而当你看到这个标志时，意味着这部分是史蒂夫写的。史蒂夫一直想当个宇航员，而这本书是他仅有的梦想成真的机会——至少在"书面"上。

海伦·阿尔尼（Helen Arney）

海伦是一位科学主持人，极客（geek）女歌手，拥有"天使之音"。[S1] 你可能见过她在 BBC2 的海岸节目里开过山车，在 QI 电击桑迪·托克斯威格，或在"发现"频道（Discovery Channel）主持"怪奇科学"（Outrageous Acts of Science）节目。她能完整唱出汤姆·勒尔那首《元素之歌》——包括那些新元素——而且还写了好几笔记本能和"天王星（Uranus）"押韵的词句。一个都不能列印在这里。

S1／这句话是字面意思：她闲暇时会用高音粉碎高脚杯。

史蒂夫·莫尔德（Steve Mould）

　　史蒂夫是"数学奇玩"的制作人，错觉大师，在 Youtube 上制作和上传奇妙的科学实验。他著有《怎样当个科学家》，这是一本给孩子们的有趣实验书。而且世上还有（不管听起来有多扯）真的以他名字命名的科学效应（见182页）。你可能在"英国最强大脑""你从未知道的英国"和"蓝彼得"里见过他。* H1

* 译注／Britain's Brightest，I Never Knew That About Britain 和 Blue Peter，均为英国电视节目。

H1／十多年前的事了他还念叨个没完。S1

S1／顺便说一句，这卷页面底部的小字是脚注。你在整本书里会看到很多这种东西。H2

H2／你能看出来是我们当中的哪一个写了这些脚注。我们用了一个简单的代码，在每段脚注的数字之前是一个字母：S 或 H。S2

S2／最爱代码！所以 S 和 H 哪个是我？H3

H3／呃，我说史蒂夫你……

身体

1

BODY STUFF

人体。我们人手一个，除非你是某种形式的高级人工智能，那样的话：

01001000 01000101 01001100 01001100 01001111 00100000

01010010 01001111 01000010 01001111 01010100 01010011 00100001[*]

＊译注／这一串 8 位二进制码是 ASCII 码，转换成英文字符串以后是：hello robots! 即 "你好，机器人！"）。

对我们其他人来说，身体是个能做家庭实验的好地方：容易取得，无比好玩，而且便宜（既然你都已经免租金入住了）。这就是一个你可以一天玩上 24 小时的 DIY 科学实验室。

本章探索了人体的一些奇趣和特质，认识居住在我们肠道系统里的某些细菌，利用物理学听到头颅里的隐藏声响，预测孩子出生的精确时间（得……用电子表格）。等自己的躯体调查完了，再来一览动物世界，拉个伴儿一起搞些天黑后的实验。

来吧来吧……

可以对自己
做的实验

找到你的瓣膜

　　动脉里的血流是被心脏推动的，这意味着它们处于一定压力下，无须担忧其流错方向。而静脉里就不好说了，因为静脉压力要小得多。静脉血管里一路上都有小小的静脉瓣膜阻止血液在血管里倒流，把它们找出来会很好玩。你可以单挑，或者找个伴，或者组个团，我们不会指指点点的。

　　首先，你需要找根又大又好的静脉。假如你是那种腿上看得到明显血管的人，哇你的机会来了。不过在手臂上也能找到合适的静脉。要得到最好的效果，你需要让手臂自由下摆，然后用一根手指抵住静脉一端，最接近手掌的那边。这会使血液不能朝任一方向流动。现在再放上一根手指，就在第一根手指正上方，然后保持压紧的状态，把第二根手指朝上方移动几厘米。

　　这样会排空静脉，你会发现它变扁了。然后就是最酷的部分。提起你的第二根手指，血液会流回这根被清空的静脉，但它最多只会回到最近的静脉瓣膜。

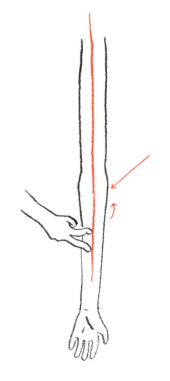

恭喜！你找到了一个静脉瓣膜。要是这些静脉瓣膜不工作，你会得静脉曲张的。

转脚并画6

在椅子上放几个垫子，这样坐在上面时可以让脚荡着。腿短者可省略垫子步骤。

坐下来，顺时针转动右脚如图。

然后用自己的右手手指在空气中画一个大大的6。

难就难在，手指要画完6而不被脚部动作打乱。

这几乎不可能完成，你会发现自己的脚在乱舞。

我们的大脑演化成善于以合拍的协作方式来控制身体，这使我们能好好走路和奔跑。这个实验展现出了这种节拍多么难以打破。

这是《卫报》读者的求偶舞

看自己眼睛移动

你做不到。

去对着镜子来回注视你的左眼和右眼。你会感觉到眼球在头里面移动但却看不到它们动。这种现象被称作"眼跳屏蔽"。当你从一个物件看向另一个时，眼球的快速移动被称为眼跳。如果你的大脑要处理这段时间眼睛传来的视觉信息，你只会看到一片模糊。眼

房间里的万象

跳屏蔽是大脑屏蔽了眼球移动期间的视觉过程。你的大脑还向你妥善地隐瞒了这一点，所以你才不会每次转动眼珠都一阵眩晕。

如果你实在想看自己眼球移动，把手机相机调到自拍模式。从你自己眼睛动一下到它出现在屏幕上会有一个轻微的延迟，你就能在眼球毫无防备的时候看到它动了。其实还蛮诡异的。

漂浮手指香肠

把两根食指相对放在脸前（姿势就好像 ET 要用右食指治疗左食指）。放好，放得直直的，保持水平。然后把双眼聚焦在手指后面的某样东西上。此时你会体验到两个接触手指的"重影"，看起来好像两个手指尖举了一个奇怪的香肠，香肠上还长着指甲。慢慢地把手指分开一点，你就会看到一个漂浮的香肠。

这会告诉我们一些颇为有趣的事——是关于我们如何处理眼睛传来的信息，不是关于香肠。

当你得到来自双眼的冲突图像，比如重影，大脑会抑制其中一个图像。所以，一个眼睛对你说，"这是手指的末端，"另一个说，"不对，你的手指还没到末端，"哪只眼睛能赢，哪只会被压制呢？

在这个场景中，对比高的赢了，于是看起来好像手指到了末端。在两个手指重叠的空间里，你的大脑决定：这里没有冲突，只有香肠。

●   ●

你缺根肌腱吗？

把上臂放在桌上，掌心向上，大拇指和食指连成一个圈。最后，弯曲手腕让手抬起。

你有 85% 的概率看到一根肌腱在手腕上显露出来。

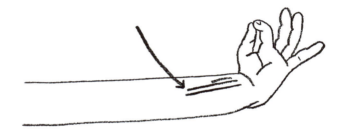

这根肌腱连接到掌长肌。这个肌肉出现在你身体里的理由并非因为你需要它，主要是你的先祖需要它。假如你需要用手臂到处荡来荡去，就像现在的猴子那样，这个肌肉是相当有用的，但是人类已经不做这种事了，所以这个肌肉只是一个退化的特征。除了……大约有 15% 的人没有这东西。如果你是其中之一，恭喜：你已经在演化道路上迈出了新一步。等着 X 学院给你打电话吧。

事实上，正是这块肌肉和这根肌腱因为没啥用，所以有时很有用。当一根肌腱或肌肉需要进行手术重建时，这个部分经常被拿去作为替换用，因为把它们拿走对抓握和运动性没有什么影响。

● ●

听不懂了

试试看重复着念几个词，比如，"史蒂夫·莫尔德"，大声、反复地念出来。最后你会发现听起来好像说胡话。

这个现象被称为"语义饱和"，因为当你听到了一个词，这会让你大脑中神经元的某种模式发出冲动。这些冲动的神经实际上就是你对这些词语的理解，也就是它们的语义。如果你采纳我的建议念了我的名字，这里的语义差不多就是"聪明的英俊男子"。而大脑经常会这样：重复发生冲动的神经会暂时受到抑制；它们停止了冲动。这就关掉了你对词语的理解，于是这些词听起来就没意义了。假如你重复自己的名字（而不是我的），哇噢，那感觉可是相当魔幻。

● ●

动动手指

双手并拢，就像跟自己击掌，但不要手指交叉。然后把中指交叉相扣。

试着让两个大拇指分开：很轻松。你应该也可以把食指和小指分开，问题不大（跟自己再击个掌吧，大佬！）

你没法分开的手指是无名指。你的手指被手掌的肌腱拉住，除了拉住中指和无名指的那根以外，别的肌腱都是彼此分开的，所以这两个手指很难轻易单独动作。

有人说，第四根手指被用来戴戒指是因为它象征着难以分离的婚姻伴侣关系。我不知道他们为什么这么说，这几乎肯定不是真的。我是说，听着就是编的。

也有人说，这是因为无名指上有一根静脉直接通向心脏，不像其他手指上的静脉通向肛门。这也不是真的。

●   ●

感觉多出一个球

1   把一小张纸团成一个球，大约豌豆大小。
2   把它放在掌心，手摊开。
3   交叉另一只手的食指和中指。
4   把交叉的手指放在球上，让球卡在两指间。
5   闭眼，在手指间滚动这个球。

你会感到手上有两个小球。这被称为亚里士多德错觉。

"当手指交叉时，一个物体会感觉像两个；但我们拒绝认为这里有两个物体，因为视觉比触感更具权威性。不过，如果只剩下触觉，我们就会宣称这一个物体变成了两个。"亚里士多德如是说。

你在这个实验里用到了两种感觉。其一显然是触觉；其二则不那么显然——如果你问别人他们有多少种感觉，大多数人都会说五种。但这是错的。科学家对此尚无定论，但他们都认为不止五种。其中一种传统观念没提的感觉是本体感觉，它让你感知到自己身体各部分互相之间的相对位置。

不过，本体感觉并不精确，而且如果你把身体的某些部位放到不常去的位置时（这不是梗，看下去吧），本体感觉也不太搞得定。酒精也会削弱本体感觉，这就是为什么警察查酒驾的时候可能会叫你向后仰头、闭上眼然后用手摸鼻子。喝醉的人不太能做到这个动作。

在我们的实验里，你的大脑没搞清楚你手指的位置和平时不一样。它假定手指们并没有交叉。于是，两根手指外边缘同时受到刺激的唯一正常解释就是：一定是有两个球在滚。

成为你想要的
世界里的科学 *

* 译注／"成为你想要的世界里的改变"据传为甘地的一句名言。

　　我完全支持史蒂夫鼓励你为科学献"身"——在找瓣膜或者感知小球这种事情上。在自己身上做实验是个历史悠久的可敬的科学传统，但有些时候人们也真的太过头了。

　　比如瑞士化学家阿尔伯特·霍夫曼，第一个从毒蘑菇里提炼出 LSD 的人，也是第一个骑着自行车体验迷幻之旅的人。"莫嗨莫浪"这个词从未流行起来可真是个奇迹。

　　再有玛丽和皮埃尔·居里，他们测试新发现的放射性元素的方法包括涂在自己皮肤上，等待烧灼感发生……玛丽·居里的某些烹饪书至今仍然有相当强的放射性，必须在妥当的保护下才能接触。

　　不过我最喜欢的警世故事还是澳大利亚的实习医生巴里·马歇尔，和他的同事，病理学家罗宾·沃伦。那是在 1980 年初，当时医学界有一项共识：大多数胃溃疡是由压力、饮食不佳、酒精、吸烟和基因因素等造成的。但巴里和罗宾不同意，他们认为，真正的罪魁祸首是一种名叫幽门螺旋杆菌的细菌。如果他们是对的，那时常见的危险胃部手术就没必要了，许多患者的胃溃疡只要用简单的抗生素就能解决。

房间里的万象

巴里大概是抽到了短签，因为他并没有在随机的公众中招募成员来做测试（还要说服众所周知的人体实验的乐趣杀手：伦理委员会），他直接就吞了一瓶幽门螺旋小虫虫。

　　想象一下这欢乐：他的假设被证实是正确的！想象一下后果有多恐怖：当他胃部受到了感染，这就进入了胃溃疡的第一阶段：胃炎。想象他可怜的妻子和家人，要忍受的呕吐和口臭！

　　马歇尔医生坚持了 14 天才使用抗生素干掉那些幽门螺旋杆菌，不过他和沃伦又等了 20 年，才被授予 2005 年的诺贝尔生理及医学奖。

　　咦，等一下，如果拿自己做实验能让你赢得诺贝尔奖，它还有那么坏吗？我猜这种事只有试了才知道……不过千万别走得太远了，比如美国的军队外科医生杰西·拉齐尔：为了证明黄热病有传染性，并且带病血液会经由蚊虫叮咬传播，他被一只蚊子叮咬后死了。导致他死亡的那只蚊子甚至都未必是他实验的一部分，人们认为它大概只是一只本地种类的蚊子。但那可是个既喜欢咬人又爱戏剧性反讽的蚊子。

●　　　　　　　　　　　　　　　　　　　　　　　　　●

胃肠元素们

　　自我实验英雄们都很懂：无论你在哪里，在做什么，你都不是孤身一人。

　　你是数十亿细菌、真菌和古生菌的家，它们快乐地生活在你身上和体内。如果能把它们数明白，你会发现这帮家伙的数量比你体内的人类细胞还多。呃，实际上你数不明白，因为就算你能达到每秒狂数 1 个细胞的速率，要数完它们也得花上一百万年。

所以别为这事浪费时间了，不如把时间浪费在以下分支：这里是你胃肠系统中的 37 种小小生命形式，向它们致以诗情——你想都没想就支持了所有这些生命。

就像那首著名的歌《元素们》——喜剧人、哈佛数学教授汤姆·莱雷尔把元素周期表编成的歌——当然要是你特别有天赋的话，也可以用吉尔伯特和苏利文的"现代少将之歌"（Modern Major-General Song）把它唱出来。

那里有
消化球菌
链球菌
普拉梭菌
韦永氏球菌
沙门氏菌
和梭菌

邻单胞菌
假单胞菌
还有真杆菌

普氏菌
摩根氏菌
和分枝杆菌

有克雷伯菌
艾肯菌
和黄杆菌

乳杆菌
和芽孢杆菌
丙酸杆菌

柠檬酸杆菌
八叠球菌
葡萄球菌，弧菌

肠杆菌
拟杆菌
和丁酸弧菌

埃希菌
（大肠杆菌在此……）
和棒杆菌

螺杆菌
嗜血杆菌
双歧杆菌

二氧化碳嗜纤维菌
别忘了还有瘤胃球菌

还有甲烷短杆菌
和氨基酸球菌

如果你感到孤独，想想在你里面的这一切……
消化链球菌，变形杆菌，还有艾克蒙菌。

蛋糕架子

这个实验里你会听到只在头颅里的声音。

要达到这个结果，你得去厨房找个蛋糕架，金属烤架，或者别的什么比较轻的金属制厨房用品。

如果该蛋糕架正在使用中，最好先安全地移走蛋糕。

错误方法

找两根长约 30 厘米的绳子，把一根绑在蛋糕架的左上角，另一根绑在右上角。你自己决定哪个算左哪个算右，确保做对很重要。[H1]

然后在两根绳子的另一头打个绳环，绳环的大小

H1／不，并不重要。

足够让手指穿过，然后将其悬在空中。弯下腰，确保它不会碰到别的东西，如史蒂夫在下页所示：

　　现在，拿一个金属勺，让它咯楞咯楞地划过蛋糕架上的栅条。你可能需要找个朋友来帮忙做这个实验，不过假如你非常热切地想要单干，你也可以用什么东西卡住勺子，让它从桌子边缘伸出来。可以用一个重一点的东西，比如一本烹饪书，或者一瓶酒。我常常发现一大瓶红酒可以很好地代替一个现实生活中的朋友。

　　总之，一旦你让勺子划过蛋糕架，会听到一串悦耳的叮叮当当。

　　要是你现在正在家里搞这个，可能会觉得这毫无意思。没问题，这部分不是真正的实验。

　　因为有趣的部分现在才要开始……接下来，你需要更前倾身体，小心地把手指上移塞住耳朵孔。注意还是不要让蛋糕架碰到任何东西。看起来你就像戴着

房间里的万象

一个装饰性的，用厨房用品制作的矩形听诊器。更有画面感地说，想象你是一个实习医生，这就是你在下一轮 NHS（英国国家医疗服务体系）预算削减之后能用来开展工作的全部东西。或者再看一眼史蒂夫在下一页的演示：

当你这时用勺子刮过蛋糕架，声音听起来会完全不同。这是你只能在自己头颅里听到的声音，所以快去厨房现在就试试吧。如果做不到——也许此刻你正在火车上或者浴缸里，那我只能说这声音听起来更像大本钟而不是玛丽·拜里*。你会听到巨大的砰砰响，而不是小小的叮当声。

• 译注／英国综艺节目"英国家庭烘焙大赛"评委。

真疯狂,是不?

这里有一些小小的科学道理在运作,恰好混在物理和生理学边界上。在你两次刮蛋糕架子时,显然蛋糕架自己并没有发生什么变化;是同样的振动发出了第一次的叮叮咚咚和第二次的砰砰嘭嘭。区别不过是这一声响如何到达你的鼓膜。

大多数时候,我们听见的声音是通过空气抵达耳朵的。但是声音在液体中传播得更快(在固体中更加快),而你的脑袋正是发生这种事的完美材质。S1

S1／你是想说读者的头是完全实心的吗……太粗暴了。

那耳朵里出什么事了?

空气,作为声波传播的媒介,很不怎么地。下图是一个普通的耳朵:

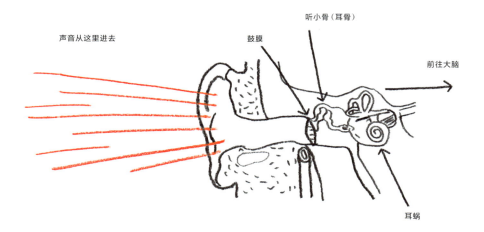

声音从这里进去

鼓膜

听小骨(耳骨)

前往大脑

耳蜗

房间里的万象

声波在耳道里前前后后又推又摆来回振动空气分子，传播声音。这事儿能成可真神。一旦音波撞上了鼓膜，人生就变得容易多了。它会碰上听小骨（耳骨），这是你身体中第三小的一块骨头。然后它继续前进，拂动你螺旋形耳蜗里的液体和小绒毛，将声音转化为电信号，沿着你的听觉神经滋拉往上传进大脑。

在这个过程中的薄弱环节是耳道。当你用手指把自己的头和蛋糕架做的锣连起来，振动就不再经过空气传播，而是从蛋糕架出发，沿着绳子，往上经过你的手指、你耳朵周围的肉和骨头。原始的振动几乎没有半点损失就直达你耳朵里的各路装置，于是你听到了全金属嘭嘭，而不是小小叮咚。

这不是你唯一能听到在头颅内部作响的声音。

现在，用手指堵住耳朵。就算没有绳子和蛋糕架，听起来也挺古怪了。你能听到血液在身体里泵涌的低沉脉动，耳朵毛被手指拂过的刮擦，呼吸从你口鼻进出的怪声，当你转头时颈部肌肉和骨头发出的咔咔声和啵啵声，还有调整手指位置时压到耳屎的嘎吱声。

把手指拿开，一切声音都消失了。谢天谢地！这些身体运作真让我发毛。

呃，其实它们并没有"消失"，除非你把手指拔出来的瞬间遇到了什么剧变。你只不过是通过堵住耳道屏蔽了一切外在的噪声，于是更能意识到上述那些声音了。而与此同时，所有的内部声音都"重定向"到你的鼓膜了，因为你在耳孔里放进了固体。这被称为堵耳效应。

这让我想到：如果你能这么清晰地听到自己全身的声音，还需要把手指塞耳朵眼儿里才能听到嘭嘭的巨响吗？蛋糕架振动的声音并不是来自你身体内部的，除非你把手指拿出耳朵眼儿的时候（又）发生了什么剧变。

答案是不需要。

你可以直接信我，但既然都已经费那老劲儿把厨房烘焙抽屉里捣腾出来的东西都打上结了，要不你自己试试也行。

再次把蛋糕架挂在手指上，但是这次把手指放到耳后、沿着下巴、放在两排后槽牙之间、放上太阳穴、放在鼻子上……你把手指戳在任何地方都会把振动直接通过你的头传递到听觉系统。^{H1}

你刚刚开发的体验就是骨传导。显然，倾听厨房用品的真实声响是骨传导的重点实际应用之一，不过它还有很多别的用途：连接在头骨上的助听器、贴在耳后而非置于耳内的酷炫耳机、让潜水员在海底沟通的防水话筒等。这些都过于实用？莫急。2013 年，一家广告公司把一列火车的窗玻璃设计得能放广告——任何人只要把头靠在玻璃上，就会经由骨传导听到他们播放的广告信息。

通勤打盹警告！科技化浪潮让你自己脑子里的声音也不再安全了。但你可以总是带一个打好绳结的蛋糕架，然后堵住耳朵以挡住无孔不入的广告信息。还有个额外的好处是，这样就不会有人想坐在你边上了。

H1／你可能需要一副入耳式耳机或者耳塞，以防房间里别的声响盖过了这比较轻微的嗡嗡声。

房间里的万象

科学咖生产
陪护指南

我有宝宝了！而且在这个过程中我学到了很多。有个宝宝会产生大量的管理事务，大多集中在宝宝出生前，这是个好事，因为有新生儿在边上会使管理变得很困难。在整个规划中有一项是做好生育计划，列出你希望在生产过程里实现的各种各样的事情，比如你希望谁在现场、以何种姿势分娩、偏好使用哪些药物，还有，当然，你想要用哪些个 App。而如果你是分娩陪护，就需要参与到这些决策当中。

App

在孕期，我们用了许多 App，不过我决定在分娩时只用一个。只用一个 App 意味着我可以把注意力集中在别的上面，比如干点有用的事。我决定用一个追踪 App 记录我妻子的宫缩，就从安卓商店下了个界面简单的。iPHone 也有类似的 App。要是你用 Windows 手机，你只要用它闪亮的铝壳直接往石头上刻记号就行。

"我有在帮忙！"

怎么用？

其实还蛮简单的，就是屏幕上有个大按键，宫缩开始的时候按一下，停下的时候再按一下。

这个 App 会告诉你每次宫缩的时长和间隔，这两个信息对没经验的人很有用。它们就像《独立日》里来自外星母船的信号。它们会随着时间流逝变得越来越长、越来越急，预示世界末日到来。为了更精确地记录，你也许可以让准妈妈来按这个按键。不过我妻子莉安的注意力完全放在别的事情上，没时间搞我的"白痴傻（哔——）App"。

为什么你应该用 App

这些数字使我对莉安"还有多久"大概有个数，不过在开车去医院之前我决定咨询一下医疗专家……

房间里的万象

水中分娩

我们的分娩计划里最大头的部分是水池，它应该能让分娩变容易些。当我们抵达医院时，水池就等在那里。唯一的问题是里面没水，这很成问题，因为莉安急于当场跳进去。

作为分娩陪护，我得说服助产士把水放满，这就是App派用场的时候了，容我慢慢道来……

水池没放水，是因为助产士认为莉安还没到生产的时候。于是我点开App，给他们看：宫缩的时长和接近程度说明，她已经接近要分娩了。

但结果是——你可能会震惊地得知——助产士比我更懂生孩子，他们的估计更加精妙。具体来说，他们还要看宫缩的规律程度。意思是，宫缩是每分钟都出现，还是你只是在某一分钟里记录到了一堆完全不同的宫缩的平均值？他们的测量说明莉安的宫缩还相当不规律。

我看了下我的App，想知道它是否提供了这类数据。比如说，也许它会告诉我标准差？悲伤的是它并不存在这类特性（这是不是个市场空缺？）。[H1] 不过就在我气急败坏地拉菜单的时候，我发现了一线希望……一个输出按键！我可以把数据下载到Excel里自己做分析了。谢天谢地我没忘记带笔记本电脑。

当我告诉莉安的时候，说不上来她看着是高兴还是不高兴。

我成功地快速整出一个表（我自己不知道但我为此时此刻准备了一辈子）。我重做了那个给助产士看的

H1／绝对是个空白！上吧编程党！

图表如下：

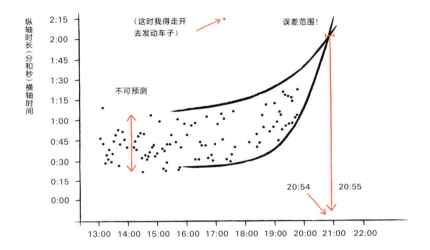

纵轴时长（分和秒）横轴时间

（这时我得走开去发动车子）

误差范围！

不可预测

20:54 20:55

2:15 2:00 1:45 1:30 1:15 1:00 0:45 0:30 0:15 0:00

13:00 14:00 15:00 16:00 17:00 18:00 19:00 20:00 21:00 22:00

　　这些小点是宫缩，这个图显示了它们发生的时间（x 轴）和持续时长（y 轴）。助产士是对的！它们确实很没有规律。但你还可以看到，随着时间推移它们正在变规律：越往右就越集中。我加上了曲线来说明这个趋势。更重要的是，我把线条延伸至未来以表明它们最终会在 20：55 相交！这个时刻就是我妻子的宫缩变得完全规律，并且，在我看来，就是我们的孩子降生的时刻。

　　但是助产士无视了这些压倒性的证据，完全没有被说服。所以我给他们看我算出来的解。那时他们把水池给注满了。感谢宫缩 App！

　　现实是，我的女儿是在 20：54 降生的——早了一

房间里的万象

分钟。你可以想象我对此感到非常烦恼，直到我后来算出了误差范围，发现这个时间也仍然是符合预期的。和当父亲完全不一样。

那么，一个拿着表格的科学咖，在预测分娩时间上会比一组助产士更好吗？我怀疑我只是比较幸运。需要做更多研究。[S1]

● ●

巧合?

我觉得自己是个理智的人。我觉得我对科学和数学掌握得相当不错。我还觉得自己对概率的理解十分扎实，对有可能和不大可能发生的事情有很好的直觉——来自牢靠的物理学二等学位提供的知识武装。所以我非常惊奇地发现，莉安居然生出了有史以来最好的宝宝。这简直是个天文级别的不可能，但无可辩驳地没错是真的。

面对这一显而易见的疑难问题，我做了唯一理智的事。我开始寻找其他巧合，以支持我的假设：我家女儿在某种意义上具有宇宙级重要性。每个科学家都会这么干的。[H1]

我们的女儿名叫莱拉，来自菲利普·普尔曼笔下的角色。莱拉也是星座的名字＊。在明净的夜空中，你可以看到这个星座高悬。于是我有了一个绝妙的主意：搞清楚当莱拉小人儿呱呱坠地的时刻，星座莱拉在什么地方。

要找到天体在天上的位置，你需要做以下这些：

1　天体的赤经和赤纬——这是它们的坐标。它们和地球定位没关系，所以地球运动时它们不动。

2　你的经纬度——这是你自己的坐标，随着地球运动。

3　精确的日期和时间。它会把以上两个坐标系联系在一起。

　　这个计算很复杂，所以我花费数小时兢兢业业……找一个能帮我算的网站。最后终于成功了。

　　于是我发现了了不得的东西。就在小宝宝莱拉出生的那一刻，星座莱拉正好挂在我们头顶。

　　我再解释得清楚一点。

　　在我女儿诞生的那个时刻，天空的正中心恰对着与她同名的那个星座。

　　前提是假如当时我们正好是在葡萄牙西海岸的船上的话。而这就更惊人了，因为莉安说葡萄牙语！

　　如果这还不能证明莱拉是有史以来最好的宝宝，我也不知道还有啥能证明了。

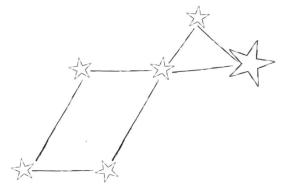

房间里的万象

科学咖做"那个"

科学永远令人振奋。就算科学咖夫妇关了灯在卧室里的那些事也丝毫不减其趣……没有错，皮埃尔和玛丽·居里角色扮演！

只有我？行吧！

我其实在说，我的一个科学家朋友称之为"休闲生殖"的事情。

好好好我没讲清楚……我是说，性！性！西嘤嘤嘤性！！！

大喊大叫了对不起。我就是觉得很难谈论……你知道……"那个"……而不用上那些安全、舒适、客观的科学词汇。而这本书是分在这一类的。我受动物世界启发写了一个卧室实验指南，希望读者可以和我一样在本书此节深受启发。不是说要受启发到你马上放下书拉着伴侣去楼上卧室。至少等你读完这一章，好吗？

嗯，等你准备好了，排出大卫·爱登堡的 DVD，享受这几页专属于爱人们的……自然科学课程表。[H1]

H1／注意安全啊人类，请始终做好恰当的防护措施，无论你是哪个研究领域的。就本章来看，核生化防护服可能有点过头，但是，嘿，无论你是哪个……

像蜜蜂一样做爱

适用于：夏季野餐

在进行时，雄性的生殖器会爆炸。我们都经历过。对不对，女士们？先生们？大家都一样？

真实情形比我形容的还要糟。雄性蜜蜂，或者说雄蜂，其存在仅仅是为了追逐那一点儿使蜂后怀孕的概率。这一过程在空中进行，需要先在空中高速追吻比赛中和其他雄蜂一决高下。

如果这已经像特技了，来还有后续……

当雄蜂用生殖器刺穿蜂后的腹部交配囊，雄性的生殖器就会爆炸，这可怜的雄蜂随即倒地魂销（不是销魂）。

虽然你的野餐心情可能被毁了，不过这些神蜂特攻队员有自己的理由：雄蜂的生殖器残骸卡在那里，蜂后就很难再次交配。因此雄蜂增加了自己基因传到下一代蜜蜂的机会，并为贞操带艺术做出了终极贡献。

与此同时，几千只工蜂在忙忙碌碌往蜂巢里填进蜂蜜。作为不育的雌性，它们谁都不需要担心生殖器在自己身上爆炸，大松一口气！

● ●

像螳螂一样做爱

适用于：约会

他们不去高级餐馆共进晚餐，而是使用更经济的

法子：搞上以后雌螳螂会把雄螳螂的头咬掉。

这并不仅仅是变态的食用同类行为，它是雌螳螂榨干同伴的绝佳策略：管雄性交配动作的神经在他的腹部——而非头部。去掉头就意味着，雄性没有任何机会能自己决定"可以了，该回家睡觉觉了"。

没错，雄螳螂交配根本用不着脑子。如果雌性选中了他，她可以直接砍掉枕边絮语和头，他的身体会继续动作直到他，呃，全力以"付"。

不过这里要打破一个小小的迷思。在笼养状态下，雌性总是会干掉她们的对象，不过在野外只有30%螳螂情人的结局是门牙断头台。剩下的通常关系更为互惠，事后都能活着给朋友发消息。

所以最好是在野外这么干，能让你被"合二为一"的概率大减。

像刺猬一样做爱

适用于：不爱冒险的伴侣

那，刺猬怎么做爱？小心翼翼，偷偷摸摸。雄性刺猬会在雌性的阴道里留下一大堆精子，使得任何后来的竞争者都难以留下印记。

像鲑鱼一样做爱

适用于：炎炎夏日的清凉

像雄鲑鱼一样做爱，只要在洗澡的时候做，然后我回头路过会收拾它们的。

如果你想要一个更贴近真实自然的版本，只需把"淋浴"换成淡水产卵地，把"做"换成使用敏锐的嗅觉和磁场感知找到你出生的地方。对，鲑鱼使用地球磁场和独特的气味，沿着河一路找回他们自己出生的产卵地。

如果你能历经险阻，不被熊吃掉也没死于力竭，那你必将纵横情场。

●   ●

像新墨西哥鞭尾蜥一样做爱

适用于：把"性"放进"同性生殖"

新墨西哥鞭尾蜥是少数几种只有雌性的物种。雄性已经过气了。他们省掉了去寻找一个异性伴侣的所有麻烦，雌性通过孤雌生殖来实现繁殖，这个词来自希腊语中的"处女生子"。一个未受精的卵细胞会分裂成长为一个胚胎，其中只含有那个雌性的DNA。

如果这听起来好方便——比注册个Tinder然后等着某个值得右滑的人出现还方便——你没准想试一下。不幸的是，仅制造自己的复制品，从而缩小集体基因池里的基因数量，这是目前已知的结束人类生命的方法当中最酷炫高效的一种。

房间里的万象

不过这些蜥蜴有个秘密武器：她们一开始的染色体数量就是那些有性繁殖的亲戚们的两倍，通过混合和适配更广的染色体序列，下一代能得到的基因多样性和来自双亲的一样。

话说回来，如果尝试自己繁殖后代的主意很有吸引力，你也可以把它留到假期用。

像鮟鱇鱼一样做爱

适用于：想要让关系上新台阶的伴侣

这事有点复杂但是几乎绝对可以说值。你，小小的雄性鮟鱇鱼，用你的高清嗅觉 [H1] 寻找到我的气味，游上几天几夜找到我，散发着微弱臭肉味儿的巨型雌性。已经很性感了是不是？

然后你咬我。

这会在我皮肤上释放一种酶，融化掉你的鱼鳞、你的血肉，还有你的……鱼鳍？这玩意儿是鳍吗？在深海这个光线水平下我也看不太清。

最后只有一对生殖器贴在我体侧，我可以在方便时随时取用。当然随着时间推移，我身上可能有很多对这种"爱的赠礼"，来自各个不同的伴侣，我会像收集鞋子，或者冰箱贴，或者宝可梦 [H2] 一样收好它们，直到合适的时机。

如果在那零摄氏度以下的，最深的海，最黑暗的角落里，你找到了一条非常、非常老的鮟鱇鱼，你会发现她——字面意义上——浑身是胆蛋。

H1／雄性鮟鱇鱼实际上鼻孔和头的比例是动物中最大的。哇！

H2／把它们全收服！
译注／原文为 Gotta Catch'em All!，欧美地区宝可梦主题曲名。

像大熊猫一样做爱

噫——于是本章要完了。

也没有。大熊猫羞涩笨拙的恋爱名声在外，但其实这不完全是真的——野外大熊猫在纵情欢享上看起来没什么问题。绝大多数问题，都是出在它们被关在水泥大箱子里并被"心心眼"的动物园游客持续围观的时候。

也许是你的菜？我不会说三道四的。别让我买门票看就好。

吃的

2

FOOD STUFF

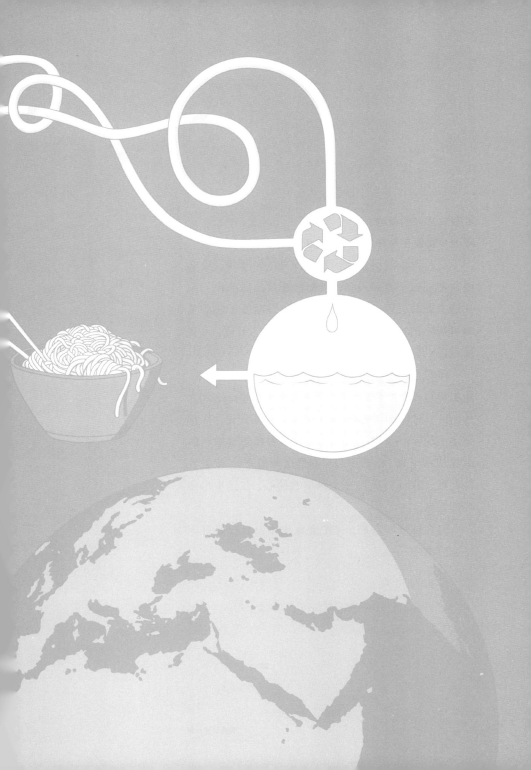

不要玩儿你的食物！

闭嘴！我现在是成年人了，我想干嘛就干嘛！

玩儿食物能引出你内心最深处的科学家。没必要大把花钱买酷炫设备，只要打开食品储藏柜一头扎进去就好。为了帮你开好头，我们准备了最心爱的可以吃的实验，可以一口吞下的科学干货，可在任意饭点上桌。

接着读，你会发现早餐速溶饮品背后，从南非，阿尔卑斯山区，到国际空间站的曲折故事。除此之外，我们对你倒进咖啡的牛奶有一种新理论，你喝完还能用空杯子做个实验。如果你曾经想过清新薄荷味从哪里来（剧透警告：不是从薄荷来），或者怎样在第一次约会赢得一个科学咖的心，在这里也能找到答案。

但在你沉浸之前，先把壶拿出来给自己好好泡杯速溶咖啡……

认识你的小咖咖

速溶咖啡

如果你和我一样，不太在意咖啡早上喝起来怎么样，你关心的只是咖啡因分子和大脑腺苷受体最高效的结合方式，对付我们这种人，有速溶咖啡。[H1] 它尝起来像屎一样，但反正这事发生的时候你还没醒。重要的是你可以快速泡完而且技术上来说它真的是咖啡。

H1／可用于测试咖啡因对你大脑影响的实验，见第5章。

咖啡维恩图

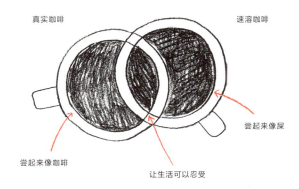

真实咖啡   速溶咖啡

尝起来像屎

尝起来像咖啡

让生活可以忍受

我应该花点时间专门向美国读者解释一下，速溶咖啡是个什么鬼。你把这种东西放进热水里，它就会变成一锅含咖啡因的混汤。你无法从颜色、味道或气味上认出它，但它真是从咖啡豆里来的。或许你从没听说过这种东西，这是有原因的。在被发明出来以后，速溶咖啡只在那些没有深厚饮咖啡文化的国家推广。在那些不知道有更好的东西的国家，它大获成功，受到热烈欢迎。基本上它就是给外行喝的咖啡，一个新手入门处。作为英国人我们不介意被打上此类标签，传统上，你看，我们是喝茶的。

而且虽然我们的咖啡很差，但还是没有你们的茶那么差。

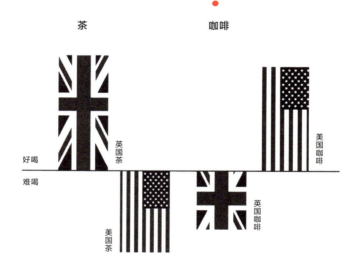

垃圾的或更垃圾的，选择在你

其实世上有两种速溶咖啡：垃圾的，以及更垃圾的。在商店里你要是知道这两者的差别会很有用。要区分它们，你需要的只是雪亮的双眼和懂点历史。

速溶咖啡的故事始于巴西。20 世纪 20 年代，巴西生产了世界 80% 的咖啡，这是个特别来钱的行当，因为咖啡因能致人上瘾。它是全世界消费最广的精神类药物。就算在艰难时日里，人们也需要来一杯。如果人们停止购买咖啡，事情就大了，而 1929 年这事真的发生了。华尔街崩盘是史上最严重的金融灾难，这使巴西囤了一山的咖啡豆库存，出货还慢吞吞。

焦虑的投资者敦促雀巢发明了一种方法来保存咖啡，而且如果可能的话，最好还能保留一些香味。

他们开发了一种方法来加热咖啡并干燥。完善这一技术大约花了七年，以巴西的时间尺度相当于三到四次武装换政府了。

●   ●

用老派方法试试

他们研发的流程被称为喷雾干燥，这跟我们弄干大多数东西的法子是一样的：加热。当你加热某物时，本质上你只是让原子和分子活动更剧烈。这就是加热

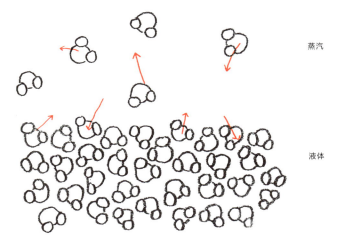

蒸汽

液体

了：摇晃分子。如果你把水分子晃得够用力，他们会从你加热的物体里跳出来，然后蒸发掉。

水分子只能在接近表面时才能逃逸掉。喷雾干燥的过程就利用了这个事实。首先泡上一大堆咖啡，然后把咖啡液喷进一个热箱子。喷出来的雾气能让更多的水暴露于表面。

悲伤的是，那些让咖啡充满风味的其他分子也跟着跑了。别了，香气！这就是我说的更垃圾的咖啡。又名"速溶咖啡粉"，这其实是个误称，因为这些粉末结成了小小的咖啡渣。

如果你希望自己的咖啡只是普通像垃圾，你就得等到"二战"之后，冷冻干燥技术被开发出来（哦！你等到了！），在没有可靠冷藏运输的情况下，这个技术被用来保存血清。你不能用加热来干燥血清，因为人类对他们血液里的化学成分特别挑剔。

●   ●

冷冻干燥一切！

一旦发现还有冷冻干燥的办法，这法子就在许多其他东西上做了测试，结果人们发现冷冻干燥的咖啡味道可比喷雾干燥那玩意儿好多了。

冻干是个怪方法，因为它不是靠加热而是把东西冷却来干燥。做法如下：

泡一大堆超浓的咖啡，浓稠得像糖浆一样。倒进一个薄层，然后将其冷冻到零下40℃。结冰以后，把你的咖啡大板放进密封盒，抽干空气。这一步很关键。

抽走空气降低了盒子里的气压，而低气压会让水做出奇怪的举动：它直接从固体变成气体：这个过程称为升华，剩下的就是干燥的咖啡脆片。跳过液态水的阶段，有助于锁住咖啡里那些美味的芳香分子。

第1步：降温，直到咖啡里的水变成冰。

第2步：降压。

第3步：再次升温，直到水从固态冰直接变成气态。

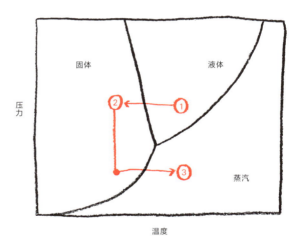

固体　　　　　　　液体

压力

蒸汽

温度

冷冻干燥有一个很棒的副作用。它让速溶咖啡变成超级速溶。[H1]知道为什么吗？让我们来看冻干水果。想象在盘子里加热一个树莓让它变干燥。在它开始干燥之前，它会先变得黏糊糊。加热并煮沸它内部的水会破坏莓子的结构完整性，你最终会收获一坨又硬又没形的水果。

但是冻干树莓就不一样了。水分子在低温下以气态逃离了这颗果子，使它的结构完整无缺。你在麦片里经常看到这种水果，它很轻，毛乎乎的，里面充满了曾经是水的空洞。这使水果变得多孔，易于重新吸水。冻干咖啡同理，这让它变成了咖啡里最速溶的。

有时候冷冻干燥也会在我们不希望的地方发生，比如冰箱。冰箱里的气压正常，所以你的食物冷冻干燥的速度很慢，结果会产生"冻灼"，不过这实际上是个冷冻干燥的例子。你可能在哪里读到过说食物在冰箱里只能放上一段时间就要吃掉，那倒不是因为放久了有什么危险，而是因为冷冻干鸡肉不好吃。

而且冻干甚至不是一个现代发明。在 15 世纪的秘鲁，印加人把作物拖上山去冷冻干燥，那里的低压和低温非常适宜升华。事实上，你要是死在那种地方，你的尸体颇有机会保存上几千年，就像这里的"冰人"奥兹。

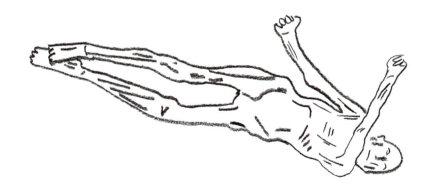

奥兹大概有 5 300 岁,仍然保留了皮肤和指甲。他被发现于阿尔卑斯山,是一种自然形成的木乃伊,而且是目前发现的这类木乃伊中最古老的。

● ●

感恩节快乐!太空人

冷冻干燥还能极大降低运输成本。如果你要给所爱的人寄一个爱心包裹,而且你知道他们那头是有水的,那么在把邮包送去邮局之前先把里面的水拿走合情合理。尤其是,你要给国际空间站上的人寄东西的话。把补给送到轨道上每公斤的花费大约在 4 000~20 000 英镑。在去年的感恩节菜单上,就有冻干豌豆、冻干蘑菇和冻干玉米面包。宇航员们则发回了冰冷干巴的谢意。

不过,宇航员们从哪搞来的水呢?好吧……是循环利用的水。所以如果你在科学博物馆里买过"太空人冰激凌",这还不是真实体验,除非你是用自己的尿液参与制作的。

如何识别不同类型的速溶咖啡

冷冻干燥 —— 看上去是浅棕色
并能致人清醒的小块碎片

喷雾干燥 —— 深棕色,
疙疙瘩瘩的粉末团

马克杯！是音乐

　　如果你看完都不想喝速溶热咖啡了，不要紧。拿着眼前的空杯子和勺子，你也可以玩点不错的科学。而且与一口咖啡因一样，它也可以让你的脑子工作得利索点（但不会出现"发现没小饼干导致上午崩溃"）。

　　在内心深处，每个马克杯都藏着一个乐器的灵魂，由物理学（和陶瓷）制成。技术上来说其实是材料学，但我们不要那么纠结。

单音桑巴

　　拿起你的勺子，敲打把手的正对面的杯沿。

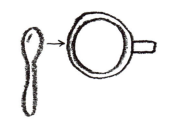

　　一个单音符响了起来。精致瓷器的效果最佳，不过你在橱柜里翻出一个普通的旧马克杯也能做这个。

　　假如你现在正在一家星巴克分店里，气愤地把纸杯揉成一团大喊"它怎么不响？"我建议点一杯平复心境的甘菊茶打包，等你到了办公室再拿一个真马克杯试一下。也许还需减少一些早晨的兴奋剂摄入量。

偕行探戈

那么，你已经搞出了单音符之类的。我们都轻敲过红酒杯，或者（假如你的人生选择比我高明）轻击过香槟的高杯，听过那个悦耳嗡鸣的单音音调。但要管一样东西叫"乐器"，你至少得有两个音是不？

这里就有科学性出现了：把你的勺子移过1/8的杯子边缘，朝把手方向转45°，再敲一次。

这一次，你会听到第二个比较高的音。到处试试，你会在杯边上找到完美的地方，可以用勺子敲出两个不同的半音。嗒哒～！ ^{S1}

S1／乐器？两个音是分界线。

钟是怎么回事？

你刚发现的正是"钟"的物理学，这是一种中国的音乐铃铛，历史可以追溯到3000年前。敲击不同的地方，钟会发出两种不同的音。实际上，一组不同大小的钟（编钟）可以组成一支乐队。

不过，用一个重量为2~200公斤的铸造青铜钟来喝早餐咖啡过于复杂，我们还是回到马克杯吧。^{S2}

S2／话是这么说，咖啡连锁店提供令人窒息的大杯咖啡作为标准杯以制造出一种物有所值的幻觉，所以超大杯也许能装满一两个钟。

再用拿铁给我来一下

　　我第一次见证这个现象，是在一个清晨，跟我的朋友科林喝早咖啡。他向我演示了这个，我脑子都炸了。主要是因为科林抢了我的空杯子来表演科学，但我还没把咖啡倒进去喝上呢，这（在经历一个沉重夜晚之后）极大降低了我脑子爆炸的门槛。

　　那原理是什么？古钟的曲线和突起应该能让你若有所悟，为什么家用的普通马克杯也会有同样的效果呢？用古典乐爱好者（比如科林）喜欢的话来说，这就像巴洛克音乐，全都关于亨德尔。

　　这里发生了两种物理现象。当你敲击把手对面时，你在杯子开口上创造出了一个驻波。它是一种波，被"困"在杯子的圆口上。这个波振动了杯子周围的空气，制造出了你听到的声音，它的频率决定了音高。在此基础上，一条你可能本来就知道的乐器原理，也同样发

房间里的万象

生在了杯子上：又大又重的东西在振动时比又小又轻的东西声音低。

事情是这样的：一个杯子这样的圆形物体上开始的一个驻波，不会每个部分都振动。驻波会制造出节点（完全不振动）和波腹（振动得厉害）。这些节点和波腹出现在哪里，取决于你敲杯子的哪里。

如果你敲杯子把手的对面，把手也会振动，因为它是猛力振动的波腹之一。把手的额外质量使得整个振动的杯子更重了，所以这个音比较低。

如果转过精确的1/8圈，把手就位于节点了，它完全不动，就好像把手没了，杯子变得轻了，于是唱出了高音。

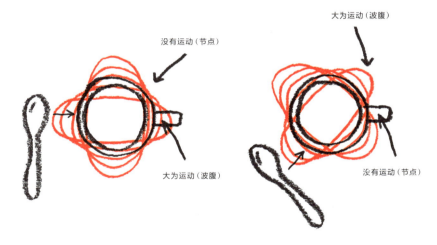

没有运动（节点）

大为运动（波腹）

大为运动（波腹）

没有运动（节点）

在杯子上敲来敲去，有四个位置你能得到左图的节点和波腹模式，还有四处能得到右图的模式。如果你敲击任意中间位置，把手就不会刚好位于波腹或者节点，你会得到不同音高乱七八糟混在一起的音。

现在仔细看看 69 页上的那个钟。它的道理差不多都一样。这些 9 个一组、分为 4 组的小突起，每一组都仔细地以对称状态列于钟的表面。这不仅是装饰，它们其实就像 4 组小小的把手，根据你敲钟的位置来改变音高。

然后，假如你觉得只有两个音没法演奏任何调子……S1 不，你可以。你能演奏我最心爱的曲调，那刚好是《大白鲨》的主题曲。

S1／我们就是这么想的。

房间里的万象

薄荷醇

2% 的人在阅读时吃口香糖，这个统计数字令人惊奇，因为是我现编的。不过这也意味着你现在正在嚼口香糖的概率不为零。如果你真的在嚼，它最可能是薄荷味儿的。如果是那样，你体验到的是一种了不起的清新……松树味。

这是真的！薄荷香气来自薄荷醇分子，它是世界上最受欢迎的芳香分子，每年约生产 30 000 吨。

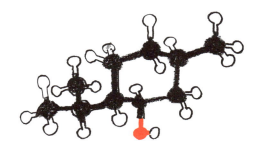

这已经远远超出能经济可行地从真正薄荷植物中萃取的量。事实上你需要诺福克郡那么大的一块地的薄荷才能满足世界对薄荷脑的需求。有些人说那倒还会是个进步，那些人都是萨福克郡的。

事实上，绝大多数薄荷脑都是在工厂里合成的，主要原料是松节油。你知道松节油，毕竟有一瓶松节油在你家水槽底下藏了十年了。你买来是想洗画笔的，但你从来没洗过。所以你总是得买新笔刷。收拾一下你的垃圾！或者算了。事实上，如果你把那一升装松节油做成薄荷脑，它足够武装 200 管牙膏。那松节油从哪来呢？松树！所以，薄荷般清新口气的第一步：挤树液。[S1]

过去合成薄荷醇不如天然的好，因为在生产想要的分子时，很难不同时搞出它的镜像异构体来，而这个镜像分子相当不薄荷。事实上它被描述为一股霉味。而且它在嘴里不会产生凉爽感，因为不会刺激到感受凉意的受体。不过，这年头我们已经可以摆脱惹人厌的兄弟分子，只生产出受欢迎的薄荷醇了。

所以假如你担心自己的清新口气不是有机的，不用担心，合成方法生产出来的分子完全相同。而完全相同的分子会有完全相同的表现——除非你在用顺势疗法，那种情况下，完全相同的分子会由于记忆或魔法之类的东西而表现不同。最后，合成分子便宜得多，碳足迹更少，对环境更友好。

呼，大家都松口气。但，口香糖里剩下的东西呢？那是什么做的？这听起来会有点吓人：原油。让大多数口香糖这么好嚼

"我来给它接管子"

房间里的万象

的东西，是从地里钻出来的。过去口香糖来自橡胶树产生的橡胶，但就和薄荷一样，我们对橡胶无止境的欲望，使得人们最终找到了更便宜的来源：石油化学工业。最终产物是聚异丁烯，生产它的碳效率要比种下橡胶树再采伐要低。但更糟的是它的黏性。清理口香糖的费用实在太高，以至于全世界的政府都在考虑引入嚼口香糖税。它还意味着任何人如果能发明不黏的口香糖都能赚大钱……那也意味着再过不久你嚼完口香糖没准就不能粘在图书馆桌子下面了。老实说你一开始就不该在图书馆里嚼口香糖。别过得那么乱糟糟！

罐头面条时间到

如果你正在读这本书，想知道自己的生活是否也有余地搞些科学 DIY，我得承认：我和现在的丈夫坠入爱河并结婚，就是因为一次搞砸了的厨房实验。

一切都开始于爱丁堡边缘艺术节，我们都约了在罗宾·因斯的科学喜剧之夜表演，此前我们从没见过。我们都表演了关于太空的单口相声，所以看起来我们的相遇已经在星空写就。[H1] 感谢伪科学！

H1／我们的段子也基本写在星星上。呃，和星星有关。在天文尺度上，"在其上"和"和其有关"差不多是一回事。

但遇到是一回事，相爱则是另一回事。我能够精确界定后面这件事发生的时刻，这一次要感谢真正的科学。

这也是面条出场的地方。

它发生在我们初次约会时，作为一顿饭，本来只是普通的食物，然后变成了实验，这个实验今天我们还在做。

从家庭科学到家庭幸福

我的未来丈夫，让我们管他叫罗布（他就叫这个），忙于给我做自己的拿手菜：炒鸡。他就站在炉边忙碌，引起美拉德反应，[S1] 让蛋白质变性，[S2] 把一些一氧化

S1／我来翻译一下：把洋葱煎至棕色。
S2／炒鸡。

二氢的温度升高到超过 373 开尔文 [S1]，就像一个正常人那样，而我在一边享受一杯发酵的葡萄汁。[S2]

罗布发现他没有炒鸡常备碳水化合物（也就是印度香米）了，平时他会用一调羹姜黄粉给米调出香气和上色。好吃"mia mia"！

从这里开始事情就不对了。或者如果你用科学家的眼光来看待生活，从这里开始事情就好玩了。

所以，作为替代，罗布在碗柜深处抠出了一罐孤苦伶仃的拉面罐头。"不要紧"，他想，"姜黄会让米带上美丽的橙黄色，就直接调在面上试试。晚餐有救了！"

几分钟后我们的晚餐准备好上桌了。

此时此刻，恰应引用我最爱的作家艾萨克·阿西莫夫说过的话：

> "科学事业里最激动人心的句子，那句预示着全新发现的话，不是'尤里卡！'而是'这下好玩了……'"

或者，在我们的故事里，不是尤里卡，而是：

> "这倒霉面条干啥了怎么回事？？？！！！"

因为，亲爱的读者们，它们没有变成明亮的大地黄

色，它们变得像鲜血一样红。

罗布当场做了三件事——每件对面条的警告色鲜红都毫无作用：

1　用水冲洗面条。

2　惊慌失措。

3　拼命道歉。

而我当场做了以下三件事，每件都对中和掉该面条的警告色鲜红起了作用：

1　把面条丢进咖喱酱——它们又变回了黄色。

2　吃掉面条——从而销毁证据。

3　喝发酵的葡萄汁——使我有那么一瞬间忘记了那个恶魔红死面条问题。

这么看，有些人会说在这一刻晚餐是彻底毁了。

对我们来说，并不是。这两个科学咖已经发现了对方都喜欢厨房化学和玛丽和皮埃尔·居里角色扮演，这一刻我们深深地望进对方的双眼，心意相通：

"现在，晚餐是个……科学实验了！"

为了搞清楚发生了什么事，我们去找了那个我们在学校里梦想能有的化学老师：谷歌。

房间里的万象

我花了很长时间在谷歌上搜索各种科学玩意儿，回望我的搜索历史，这是最近的三条：

1　用水芹做实验。
2　《名声大噪》真的是外星人制作的吗？
3　吉姆·艾尔 – 哈利利 [S1]

原来，姜黄中含有姜黄素 [H1]，它是一种天然的 pH 指示剂。当它暴露在 pH 值高的碱性 [H2] 环境中会变成大红色，而在低 pH 值的酸性条件下变成亮黄色。

米有很轻微的酸性，pH 值大约是 6，所以加入姜黄后米会变成金黄色。

但是我们做实验 [S2] 用的面条是用亚洲传统配方制作的，过程中会用到金属盐，比如碳酸钾，所以它们才那么好吃，而且 pH 值大约为 9~11——高于中性的中点 7。所以当你加入姜黄后，它会和碱性盐产生反应变成大红色。

如果你把这些红面条丢进咖喱酱里，它会变黄。显然，咖喱酱也是酸的。这不仅是一个说法，它是实验结果！

因此我们的约会进入了下一个阶段：我们一起把面条在煮沸的姜黄水和咖喱里探进探出。[S3]

当眼睁睁看着这东西从红变黄又从黄变红，我们意识到了一些东西。我们在这里做的事，带着急速增长的爱意和橱柜食材，本质上是……

自制石蕊试纸！

S1／罗布的最近三次搜索记录只有他和他的网络服务提供商知道。
H1／化学家也叫它阿魏酰甲烷（diferuloylmethane），对于它的欧洲食品添加剂朋友来说则是 E100。
H2／技术上来说我们讨论的是碱基，而不仅仅是碱，但有时候你得跟梅根·特瑞娜对着来：不是什么都和那个基有关。
译注／梅根·特瑞娜，歌手，有一首歌名为《皆关贝斯》，贝斯bass与碱基base谐音。

S2／这里通常被表述为"用来煮"。
S3／此处没有暗示。

帅呆。

所以，当然了，作为不那么明显的那种"实验性恋人"，我们忍不住要在尽可能多的家用产品上尝试它——柠檬汁，烘焙粉，发酵葡萄汁，洗衣粉……

酸性				中性				碱性

白葡萄酒	发酵葡萄汁	新鲜柠檬水	苏打盐	水	面条	清洁喷雾	吉姆·艾尔–哈利利	洗衣粉

然后展示我们的成果……除了桌子还能在哪呢？厨房的桌子。

你可以看到，酸性靠左，碱性靠右，而（就像瑞士一样）中立的靠当中。[H1]

于是我们完成了这个实验。从提出假设，通过验证，到展示结果，最后得出结论，我们有三个重要的发现：

1   我们还是很饿。
2   发酵葡萄汁半点没剩下。
3   在发现日用品的 pH 值时坠入爱河很容易。只需要用你的面条。

H1／在所有东西里酸性最强的是发酵了的葡萄汁。它的酸性仅次于街角商店里三块九毛九买的白葡萄酒。后者最后被我们用来给浴室除垢了。

房间里的万象

储藏柜科学

以下是我们最爱的六个实验，给你在你家实验室做。我们说的你家实验室是指房子里做饭的那个地方。不然你管你家那个地方叫啥？

●   ●

用隐形毯灭烛

1   在罐子里放 100 毫升醋。

2   加入一勺苏打粉，在顶上放一个盘子。

3   点亮几根蜡烛。

4   等罐子里不再冒泡泡了，拿走盘子，把罐子里的气体往蜡烛上倒。

这是科学咖灭蜡烛的最浪漫方式。

蜡烛的原理是把蜡加热成蒸汽，这些蒸汽和空气中的氧气反应，这一过程被科学家称为"燃烧"。燃烧产生热，热量汽化更多蜡，于是这个过程持续下去。

但如果你把空气里的氧气拿走，时间足够长到蜡冷却，你就能打破这个循环并把火给灭了。这正是我们用罐子干的事情。

当苏打粉和醋混合起来，你正在让碳酸氢钠和醋酸发生反应：

$$NaHCO_3 + CH_3COOH \rightarrow CH_3COONa + H_2O + CO_2$$

这个反应的产物是醋酸钠、水和二氧化碳（就是那些泡泡）。二氧化碳比空气重，因此只要不去搅动，它们会蹲在你的罐子里。如果你把这些气体往罐头上倒，氧气就被挤走了，火也就灭了。

不可能意面

下次你请客吃饭，把这盘美味香肠拼盘端上来。你可以让客人们相信你蹲在热炉子前面一根一根地把面编织进香肠里面，或者考考他们你是怎么做到的。

道理很简单，你在煮面之前就把面条捅进香肠里。

或者你可能还想加点酱汁。我不知道，我也不是厨子。听说番茄酱不错。[H1] 还有盐。

H1／我推荐姜黄。

再来点不可能编织

这次你要在冰里织进一根吉他弦。啥？！

第一步是像平常一样做些冰。呃也不是很平常，得用特百惠保鲜盒那种容器，或者旧外卖盒之类的，做块老大的冰。

现在，把你的冰放在桌上，让它一部分悬在桌子边缘外。

找出金属吉他线，或者拆一根电线拉出里面的金属丝，两头绑在一个哑铃上（或者其他差不多重的重物）。

把你的线挂在冰上，让哑铃悬挂如图：

最好能在天气寒冷的室外进行。

经过几个小时，你会看到线穿进了冰里。但奇怪的是，它没有把冰切开！所以你可以中途拉着这块冰去给朋友看了，让他们猜这个谜：你是怎么做出能够穿过一根线的冰块的？

金属线能穿过冰是因为它把冰融化了。有两种办法能做到这一点。

主流方法是通过导热性。线在冰外面的部分比冰里部分的温度高，因此热量被线传导进了冰里。一旦金属线穿了过去，它上面融化的冰（科学家管那个叫水）因为把热能传导给周围的冰而失去热量，从而重新凝结。有意思的是，当水重新结冰的时候，它事实上会朝周围释放热量。这被称为结冰的固化潜热，而由于金属线是良导体，它会将一部分热量传导到自己底下的冰，加速了这一过程。

接下来是第二个不太被提起的现象叫复冰。水有些特异之处：如果你对它施加压力，它的融点会上升。

这是冰的密度比水低造成的结果。这意味着，当你拿根金属线压在冰砖上的时候，实际上提高了它的融点。复冰也是造成冰川底部液态水池的原因，这些水是字面意义上被冰山"挤"出来的。

三重早餐实验

我不信这是黄油 *

　　你可能在新闻里看到过，不活动是健康的新杀手。好了，现在有个实验可以结合美食与剧烈运动：用一罐奶油自制黄油。

　　给自己找一个结实的好罐子——最好有盖子，不然会一团糟——然后在里面放上半罐全脂淡奶油。脂肪越多越好！检查一下配料表确认每100毫升奶油含约40克脂肪。因为科学就藏在那里面。

　　奶油这个东西本质上是脂肪颗粒和牛奶的混合物。但是和糖盐颗粒不同，这些小小的、厌水的脂肪液滴，并不能真正融化在牛奶液体里。它们也不肯彼此粘在一起。它们只是悬浮在那里，这种悬置状态被称为胶体。制作黄油的秘方是说服所有脂肪们团到一起。常规操作是缓慢搅拌奶油大约半小时。无聊！某个最古老的黄油配方是用动物皮制的袋子装上奶油挂在杆子上来回旋转，直到你得到黄油为止。听起来好玩不少，但谁有那个时间啊？让我们大干快干吧。

　　所以，把盖子拧紧了，然后开始晃动罐子吧，以你能做到的最大力气、最大速度 H1。哗哗的液

* 译注／有一个生产代黄油的品牌叫"我不信这不是黄油"。

H1／开始前把你的奶油从冰箱里拿出来静置一段时间。它越接近室温就搅得越快。

集齐所有300个实验

房间里的万象

H1／如果你在这时停下，你不会得到任何黄油。但是你已经把脂肪分子打散在了奶油里。其间形成的微小空气泡会制造出一大罐棒棒的打发奶油。好吃 mia mia！

H2／如果你现在停下来，它还不太像个黄油的样子，但你已经进一步打碎了脂肪分子。所有困在这包美丽的打发奶油里的空气开始逃逸，留下小小的黄色脂肪块在稀汤里游泳。不太好吃。

H3／收好这罐酪乳，用它做煎饼非常好，煎饼上涂你的新鲜手工现做黄油也非常好。

体晃动声很快会消失，但不要停下 H1，直到你听到罐子里响起了一种新的、更像水的哗哗声，别停下 H2，就快到了！接着晃！

一直晃，直到你看到一个大奶油白脱球坐在一池水汪汪的酪乳里 H3。

把这坨东西捞出来，用冰水冲洗，把里面的液体洗掉，然后你就可以坐下来拿片面包，好好享受自己手摇的黄油了。

就卡路里的摄入和支出来说，我会说打个平手。

●   ●

早餐谷物里的元素

如果你是早餐麦片爱好者，这里有个实验能把你的早点变得特别疯狂。不幸的是之后早饭就不能吃了，但是，嗨，有科学可以玩嘛。你还需要一块超强磁铁来做这个实验，那种比冰箱贴强上许许多多的磁铁。试试在网上买一块钕磁磁铁。别忘了阅读超强磁铁的安全警告，误用有时会导致割伤、起水泡甚至死亡（如果你是钢铁侠或装有起搏器）。没有人想在早饭时间处理这种事。

给自己倒上一碗写着"强化维生素和铁质"的早餐麦片，把它和大量的水而不是牛奶混合。然后倒进搅拌机把它打成一锅黏糊糊稀哒哒的美味麦片糊。技术上来说它还是可以吃的，但不推荐食用。

把你的液体早餐谷物倒在非金属制的碗里，静置几分钟……然后插入你的超强磁铁，再缓慢地搅拌个

几分钟 [H1]。

当你把磁铁拿出来的时候，你应该能看到小小的粉状铁屑被吸了上来。

没错，铁屑。你的谷物里一直就有这东西！不过，最好别去碰它，因为掉下来的铁屑会刺激皮肤，如果不慎入眼会带来严重损伤。而且千万别吃，因为你已经把它们从美味谷物外包装里提炼出来了。

原来广告里说的"强化铁"比你想的更是字面上那个意思。麦片制造商在一些产品中添加食品级的铁粉，它会和你的胃酸产生反应，当它穿过你的肠道时你能吸收一部分身体所需的铁元素。我们身体的铁含量大概有两个小指甲盖那么多，所以虽然这看着很怪，但早餐谷物里藏着的可食用铁屑们，对你的好处还是大过贫血。

现在，我把那罐酪乳放哪了？我觉得做点早餐煎饼能帮我度过这一切……

•   •

煎饼锅气垫船

既然要做快手美味酪乳煎饼了，你可以在吃之前再来个实验，用水做一只小小气垫船。

加热平底锅到中温，就是煎薄烤饼那个温度。滴几滴水上去。如果温度还没到 100 ℃，水会分散开然后蒸发掉。如果刚上 100 ℃，水几乎会即刻蒸发。和你想的一样。目前还没什么特别科学的。

接下来把温度升高到煎炒的旺火，大约 190 ℃。

H1／最好把你的超强磁铁放进一个干净的塑料袋子，然后再把它放进你的谷物汤。这样可以避免它被铁粉沾满，这些铁粉几乎不可能被移除。不要问我怎么知道的。[H2]

H2／这样也能让铁粉更容易看到，因为你可以把磁铁拿出塑料袋，近距离观察袋子外面沾着的铁粉。[H3]

H3／说句题外话，如果任何人需要一个沾满小铁屑的钕磁铁，请跟我联系。

房间里的万象

但是不用上什么工业温度测量设备，你怎么知道你的锅恰好在 190 ℃左右呢？简单，如果这个实验成功了，你的锅就在这个温度上下。如果你的锅在这个温度上下，那么实验就会成功。我称之为"元物理"[H1]。

好了，确保锅是干的，你用过的水已经没在里面了，然后你现在再把水滴在锅里，水珠在消失之前有那么几秒会翩翩起舞。

恭喜！你搞出了莱顿弗罗斯特效应，这个命名来自 18 世纪的一位德国医生，他首次描述了这个现象。基本上，你是在自己的煎饼锅里做出了小小的水滴气垫船。因为锅的表面比水的沸点高出太多，水滴没有立即蒸发，而是在水珠和锅表面之间形成了一层极薄的水蒸气层。这个蒸汽垫子使没有蒸发的水滴"漂浮"其上，而且形成了一个隔热层，阻止了水滴立即蒸发。

在你把烤饼糊倒进锅里之前，最好先让锅回到一个合理温度——除非你把气垫烤饼烧成焦脆饼。

H1／总之，这是专业厨师的解决方法。

我，在此，隆重欢迎我们的牛君王

　　在适应环境的生存之战中，有许多办法可以成为"适者"。显而易见的做法是变得更快更强。但是也有那么一些不太明显的方法，比如深谙员工激励之道。

　　举例来说，蚜虫。蚜虫雇佣保镖保护自己，所以他们多少得懂一些职业满足感方面的问题。蚜虫很擅长提取植物的含糖汁液，但他们动作极慢而且身体十分脆弱。所以许多种类的蚜虫都雇了蚂蚁来帮忙。作为提供的糖类的交换，蚂蚁会保护它们不被捕食者和寄生虫伤害。蚂蚁又大又强壮，但不擅长炼糖，所以这对蚂蚁也是个好交易。

　　但等等，到底是蚜虫雇蚂蚁当保镖，还是蚂蚁放牧蚜虫当牲畜？呃，都是，也都不是。这取决于你怎么看它。科学家观察到，当植物汁液被吸干，蚂蚁会把蚜虫

搬运到新的植物上，单个蚂蚁群管着一大片区域的蚜虫。有些蚜虫甚至没有蚂蚁帮助按压腹部就拉不出糖来。你可以认为蚂蚁通过只保护那些最佳产糖者，有选择地繁育了蚜虫；你也可以认为，是蚜虫有选择地繁育了蚂蚁，因为它们的糖只给最优秀的保护者和农夫。

这个双向的故事在自然界一再上演。我最喜欢的例子是人类和乳牛。在这段关系中我们当然是主宰，我们选育出了超级能产奶的母牛。但这对牛也是一个好交易（或至少对牛的基因来说是）。世界上的乳牛种群如此巨大，部分是因为它们生产我们想要的东西。这是多好的把基因延续到下一代的策略啊——说服另一个物种放牧自己！

但是一开始的时候，人类并不是奶牛的理想驯化者。你看，人类会生产乳糖酶帮助分解乳糖，这是奶中主要的糖类。但过去人们只有在婴儿期才产生乳糖酶，这种能力断奶后就没了，所以牛乳并不是什么有吸引力的产品。幸运的是，有些人类拥有一个特定突变，让他们成年后也会继续产生乳糖酶，而奶牛们通过用牛奶的形式为这些人提供充分能量以保证他们过得棒棒的。这些变种人类于是更有可能把自己的基因传给下一代，于是这个变异就传播开来。乳糖耐受（或更精确地说，乳糖酶持存能力）在欧洲的大多数人中都有被发现。没错，这么久以来奶牛选育了人类。下次你从冰箱里拿出一瓶牛奶的时候，别忘了谁才是老大。

3

BRAIN STUFF

如果问神经科学和心理学能告诉我们什么，那就是人类并不像你想的那样去想，他们用知觉去觉知事物的方式也缺了点自觉。

　　在这一章里我们会戳破一些关于大脑的迷思，向你展示怎样以对你有利的方式扭曲知觉，以及冒充者综合征和邓宁－克鲁格效应的区别。总之这将是一场自我发现之旅，等你发现了最能揭示你性格的性格测试之后这就变得容易一些。

　　但首先，让我们先用些精心选取的光学幻觉经过眼球来挖掘一下你大脑深层的工作……

房间里的万象

眼睛戏法

我像集邮一样收集视错觉，区别是视错觉们藏在我电脑桌面的一个文件夹里，而不是在我真实桌面上的文件夹里。我自然爱那些经典款，比如实际上同样大小的两张桌子，横看成鸭侧看成兔，或者看似花瓶其实是双胞胎互诘的图片。

这两张桌面的大小和形状是完全一致的

鸭子还是兔子？   花瓶还是两个一样的人？

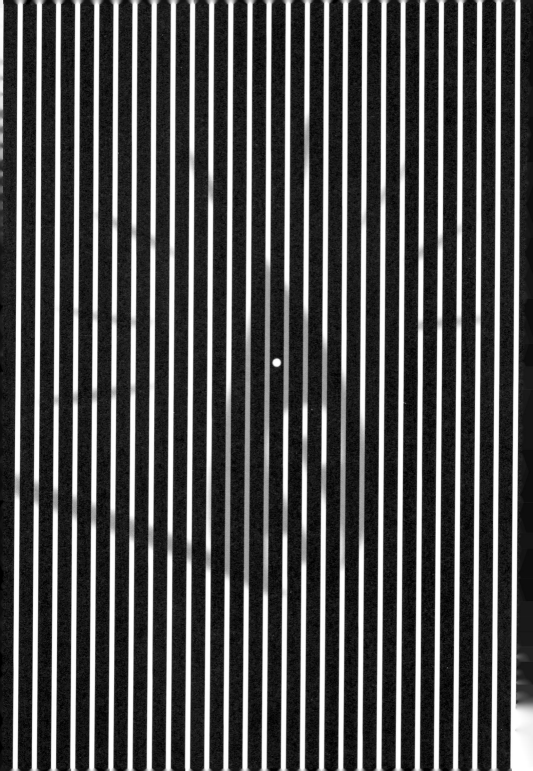

但我想在这本书里给你看我自己最喜欢的稀有品种，从这里开始……

摇头视错觉

如果你聚焦在这张图片中间的点，你只能看见黑色条纹。但如果你摇摇头，就能看到条纹间隐藏的图像。不要在公共场合做这个，别人可能会以为你不喜欢我们的书。

产生这个效果是因为视觉系统中有两种神经：小细胞（P细胞）和大细胞（M细胞）。小细胞善于识别细节，比如说黑条的利落边缘（它们有很好的空间分辨率），但在运动中它们表现不佳（时间分辨率不强），对比度低的时候也不行。而大细胞则不擅长看细节（低空间分辨率）但运动中表现不错（高时间分辨率），也能在低对比度下运作良好。

因此当你聚焦于中间的圆点时，你的小细胞在管事，所以你只能看到黑条。而你摇头的时候大细胞接手了，你就能看到图像底下昏暗柔和的边缘。

弗雷泽螺旋

翻到96–97页，仔细看本章开头的那张图片。这不是一个螺旋。

解释视野中方向的神经，错误地把这些不连续的斜方块连成了一条线。在你的视觉系统中，这个过程发生较早，早于对象识别的进程，然后对象识别又从中找到了圆圈。

● ●

水彩幻觉

你可能已经发现这本书是黑和白再加一种颜色。有一些视错觉非常适用于这种美术设计。首先是水彩错觉：

这张图里的"陆地"看起来像是一种很淡的粉色，但它其实是白的。

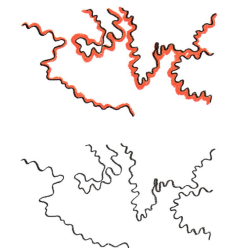

"水彩错觉"还巩固了我们对空白背景前面的物体的感觉。没有这个粉色的内边界，这些弯弯曲曲的线看起来会更抽象、更不像一个物体的边界，见右图：

目前人们还没能很好地理解水彩错觉。比如说，科学家已经发现，如果一只眼睛只看到外面的黑线，另一只只看到里面的淡色线，这个错觉仍然会存在。这说明错觉色彩形成于视觉系统的立体深度知觉之后的某处。

● ●

芒克－怀特视错觉

你在这本书里看到的红色叫潘通185u——一种

房间里的万象

偏明亮的红色，略微偏洋红色[S1]。通过指定14种不同颜料的精确配比，潘通系统的目标是能够更方便地复现标准化的印刷色彩。这是一个高贵的目标，但是在真实世界里，我们的颜色知觉受到环境影响如此之大，以至于仅仅搞定墨水还不是最最重要的。这个视错觉很好地说明了这一事实。

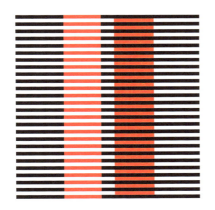

这张图里左右两边的红色条带是完全一样的，把书拿远一点，效果还会增强。这被称为芒克–怀特视错觉，目前其解释还有争议。

有趣的是，关于亮度的错觉通常可以被侧抑制所解释——兴奋的神经元倾向于压抑周围神经元的活动。因此周围亮度高的颜色应该看起来没有实际上那么亮。但是在芒克–怀特视错觉里，效果刚好相反！一个可能的解释是从属性。我们预期左侧的红色条纹属于黑色条纹的一部分，对比之下它显得更明亮；而右边的则属于白色条纹的一部分，所以对比之下它们颜色更暗，更像是要复兴车库摇滚的样子。

测试性格测试哪种性格测试最适合你的性格？只要做一个小小测试！

　　性格测试很受雇员、招聘人员和喜欢乱点的网民们欢迎，最后一类人急于找到自己的灵魂对应动物。不过它们并非建立在坚实的……你懂，证据之类的基础上。尽管如此，人力资源管理协会的研究表明，22%的美国公司在招聘流程中用到它们，这个产业的价值每年超过5亿美元。

　　为了让这些搞脑子的小钱钱多少能转回一些到真正的科学研究里，以下是一个能打赢全场性格测试的性格测试。

●　　　　　　　　　　　　　　　　●

问题

　　你更喜欢用以下哪类方法来发现某人的性格类型？

A　　卷起袖子，在手上涂油，然后摸索他们头部的隆起。

B　　询问一系列经过字斟句酌的问题，分析他们回答的什么鬼。

C　　打翻一些墨水，问别人看起来像什么。

D　在一张古代图表里寻找他们的出生日期和时刻。

E　找出一套讲巫师寄宿学校的幻想小说，拿人和里面的角色做比较。

F　以上皆非。

●　　　　　　　　　　　　　　　　　　　●

何不试试……颅相学？　　　　　你选 A

对，就是那句老话：你头骨的大小、形状和重量，能指明里面那个头脑的性质好坏。1796 年，弗朗兹·约瑟夫·加尔提出了这个理论，他相信大脑由 27 个不同部分组成，每一部分都有能影响人性格的特定功能。

就算到了今天，这个想法似乎还带有一丝真实感，因为我们现在已经知道大脑确实有不同的脑区，各个脑区也有不同功能。加尔还画了一个地图和其他一些配套的东西，让他的想法看起来怪科学的，而且还很好看。你在博物馆商店里可能见过昂贵的马克杯上印着这些图。

加尔还预测其他动物在大脑灰质里也有类似的功能区或"器官"，在我们了解了其他动物的大脑如何工作后，这个想法听起来很对。

不过，在 1825 年，法国生理学家玛丽·让·皮埃尔·弗卢朗真的在鸽子身上检验了加尔的"器官"位置 H1，结果发现加尔都是编的。把你的纪念品瓷杯丢

H1／在功能性核磁共振成像（也就是 fMRI）出现之前，对人类大脑内部运作的检验一直挺有难度。

出去！颅相学全是胡扯。

除了半科学半脑残以外，颅相学这个摸头术还有相当黑暗的一面。那些想要"科学地"证明自己种族主义意识形态的人，一度利用颅相学作为标准化的掩饰。举个例子，全球各地不同的头型，被某些人分类成他们所谓的"进化"阶段。呕。

所以它为什么这么受欢迎？你可以归因于 19 世纪公众对科学娱乐的普遍热情。"摸头感知隆起来揭示人类大脑之谜"这种诡异的爱好，被颅相学课搞得看起来科学兮兮，但比真的搞懂科学要容易得多了。该死的科学！这都是你的错！

到了今天，接受颅相学的唯一好理由是：某人需要去一个伪医学机构让一个完全陌生的人做一次刺激的头部按摩。要是你觉得这听起来很有意思，这件事本身能说明你性格的程度可能远远超出任何科学上模棱两可的测试。

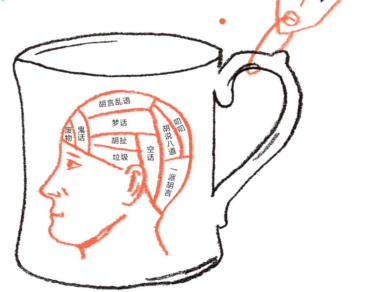

房间里的万象

何不试试……自陈式量表？

你的答案是 B

这是个比较熟悉的领域。你可能已经做过这种测试——在线测试、工作面试，或者在某次峰区的员工团建时……也许是 MMPI[H1]、MBTI[H2]、TIPI[H3]、FIP-I[H4]、IPIP[H5]、DiSC[H6] 评估或其他一大堆 FLA[H7]。

这类测试当中最古老的是伍德沃斯个人资料调查表，其目的在于第一次世界大战期间检验新招募的美国士兵。它设计的内容是询问一系列问题，回答"是"或者"否"，用来检查新兵是否已经有精神障碍，从而评估其患上弹震症的风险。

它还被叫作"不太吸引人的伍德沃斯精神神经症量表"，里面的问题有：

看到血是否让你恶心或眩晕？

你是否大多数时候感到快乐？

你是否有时候希望自己从未出生？

令人愉悦。对它的制作者来说很不幸（而对其余的整个世界来说并没有）的是，在它派上用场之前"一战"就结束了。没关系！心理学研究领域勇敢地接过了接力棒，WPDS 成为所有性格测试之爹。

WPDS 的基本理念直到今天都没变，而且这年头打勾小白框已经泛滥得到处都是。

有些版本在方法和分析上比其他的更具科学性，但这拦不住律师们用它们做犯罪调查，员工用它们来测量同事以便了解怎样共事，销售们拿它们测试客户

H1／明尼苏达（M）多项（M）人格（P）问卷（I）。
H2／梅耶（M）–布里格斯（B）类型（T）指标（I）。
H3／十项人格量表。
H4／五项人格量表——"人格减半，欢乐加倍！"。
H5／国际（I）人格（P）项目（I）池（P）。
H6／支配性（D）、影响力（i）、稳定性（S）、服从性（C）。
H7／四（F）字（L）缩写（A）。

好卖货。甚至单身人士用它们来提高约会效率：缩小范围寻找最合拍的潜在伴侣 [H1]。

但自我报告有一些问题。它们完全依赖于答题者客观看待自己的能力。大多数人都很难做到这一点，我们一不小心就会倾向于以自己的"理想"自我来回答问题。某天我用某种方法答题，过几天换一种。做过一次量表以后过了几个礼拜，发现自己完全"变"成了另一种性格类型，这也很常见。

想根据这些测试来做重要决策，更大的问题是诚实性。如果应聘者想在自陈量表上钻制度的空子，他们可以有针对性地回答问题，以符合招聘者想要的性格标准。这个策略是有风险的，因为大多数流行的性格量表的问题和方法论都是企业机密，受到严密管理。如果你钻错了，最后可能还是会变成不适合这份工作的"错"性格，而且飘忽不定的答案还可能引发你申请表上原本不会出现的警报。

不过现在有那么多人为了工作或娱乐在用自陈量表——每年约有 250 万人会做 MBTI 测试——你可能想随大流算了，来一个做一个。要使同事朋友根据测试来调整跟你交往的方式和语言，最好把结果文在脑门上方便参考 [H2]。

H1／如果你的理想伴侣必须完全拥有"喜欢填调查表"的特征，我保证这真的有用。

H2／但我的 MBTI 类型是 ENTP，所以我会这么说。

何不试试……罗夏墨迹测试？   你的答案是 C

我们或许都见过这个：10 个标志性罗夏墨迹测试，命名来自创造它们的瑞士心理学家赫尔曼·罗夏。罗

你妈

房间里的大象

幸福的斑点

夏从未想要把他的墨水渍用来评估性格，而是用来诊断精神分裂症的。1921 年他首次发表它们时，用了一个低调的标题"心理诊断"。罗夏于次年去世，从未活着看到这些以他命名的东西纵横四海。

但如今都这样了。当今世界，犯罪调查中的法医心理学家、学校里的儿童心理学家，还有午休中的心理学教授，无不手持一样的十个斑点图案，询问别人看见了什么。大多数是螃蟹、蝙蝠、狗，还有人体解剖学上不太好说出口的部分。自 20 世纪 60 年代全盛期以后，罗夏墨迹在美国、英国和大多数西方世界都已经失了欢心，但在日本还是莫名其妙地广受欢迎。

不论其有效性，如果你（我们的科学咖读者）要试罗夏墨迹测试，它可能在你做之前已经毁了。流行文化已经向好奇的心灵暴露了这十个经典墨迹以及最常见的理解，所以这整个测试大概都无效了。那就是为什么我们为你制作了一组我们自己的"特别"版本。我们只是想保持科学性。以不科学的方式来分析这个呀，罗夏！

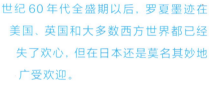

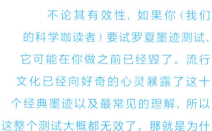

克苏鲁的呼唤

你觉得特别困……

何不试试……本命占星术？　　　　　你的答案是 D

　　要不还是算了吧。1985年美国物理学家肖恩·卡尔森做了一次双盲测试：通过太阳、月亮和行星的位置和相互关系，得出结论来解读生日图或者星座占卜，真的可以预测性格吗？不能。倒是没有许多相关的科学研究（我得说，你还想要多少？），但这个已经做出来的研究表明，占星术并不比瞎猜更精确。

　　尽管占星已经普遍被当作（天）社交手段，1955年的时候倒确实发生过一个有趣的现象。法国占星师戈克兰发现了成功运动员和他们的星图中火星特定位置的相关性；他就称之为"火星效应"（大多数占星爱好者都能想出更有创意的名字）。进一步的分析划出了两个阵营：一些人反对这个发现，另一些人支持，关于这个效应的唯一明确结论是"尚无定论"。

　　关于这个效应，有一个有趣的解释值得考虑。那时人们指控戈克兰修改数据，以排除不符合的人，纳入特定的运动员，[H1] 但实际上原因也许更加符合人性。最初的研究找的孩子出生在占星学更为流行的年代，因此有些父母可能篡改了孩子的出生日期、时间和地点，给他们的小宝贝以最想要的星图可能性。这些数据篡改（虽然来自善意和充满支持的家庭）可能足以让戈克兰得出他的相关关系了。

H1／戈克兰排除了篮球运动员，因为很显然他们给出了"欧洲样本中最令人失望的结果"。

何不试试……"在线测！　　　　　　<u>你的答案是 E</u>
你是《哈利·波特》里的谁？"

　　如果你选了这个答案，你一定是个赫奇帕奇。

●　　　　　　　　　　　　　　　　　　　　　　　●

何不试试……说服每个人　　　　　　<u>你的答案是 F</u>
世上根本不存在固定的性格？

　　这正是心理学家沃尔特·米舍尔 1968 年尝试做的事。和他同事的潮流正相反，米舍尔认为"人格"本身并不存在。人们并不总是符合他们的"类型"；他们会因为周围环境以及对环境的看法而做出不同的行为。如果你处在压力之下，你的反应是否和放松温和的情景中有所不同？你是否对朋友和家人是一种行为方式，对陌生人是另一种？

　　如果你的回答是斩钉截铁的"不"，那你进错了答案。试试答案 B。

　　假如勾勾方框，摸摸隆起，看看墨迹生日表格或读《哈利·波特》，就能找到肯定符合内在自我的人生计划，生活会容易得多。

　　如果你觉得这听起来太好了不可能是真的，别担心。你并不是世上唯一一个具有这种性格类型的人。

怎样制作 2D 眼镜

看那个可爱的兔兔，是不是看到就很想吃？！我敢打赌你就会这么想，你这邪恶的肉食者。这只可怜的兔兔是许多动物的猎物，你从它脸上就能看出来。这是字面上的意思：被捕食者通常眼睛都在脸的两侧，这让它们视野覆盖范围更广，看得到来自所有方向的攻击。相比之下，捕食者比如人类的双眼倾向于长在正面，相比之下就有点傻。如果只看一个方向，干吗要长两只眼睛呢？

猎物　　　　　　　猎物　　　　　　　猎物

捕食者　　　　　　捕食者　　　　　　技术上说是捕食者

房间里的万象

是这样：训练双眼看同一景象，给了捕食者一个巨大优势——3D 视觉！如果下一顿饭得靠纵身飞扑才能到手，你最好善于估计它距离你究竟有多远。但是同一方向的两只眼睛又怎么让你做到这点的呢？

试试这个实验：找一个远处的小物体，或者墙上的一个小点之类的东西。现在，闭上一只眼睛，举起你的大拇指移到面前，遮住那个小东西，这样你就看不见它了。如果你选的那个小点太大挡不住，换个更小的点，或者往后退让它看起来更小。或者换个更大的拇指。事实上如果你把拇指移近一些你会发现它变大了，这就是移到面前的功效所在。我的意思是，如果需要的话可以把大拇指移到眼前。应该不需要我抓住你的手来教你。

现在，不要动大拇指，把闭着的那只眼睛睁开，把睁着的那只眼睛闭上。你现在应该能看到那个被大拇指遮住的物体了。因为你的双眼位于头部的位置略为分开，所以它们的视野也会略有不同。就像下面两张图：它们是在同一距离上分别根据两只眼睛的位置所拍摄：

你的大脑有能力区别这种不同，将其整合成世界的 3D 图像，其中包含了关于事物距离有多远的一切实用信息。这被称为立体视觉。如果你想知道这是什么感觉可以再看一次上面这张图，但这一次试着对眼，直到这两张图叠在一起，你会发现它突然跳出一幅 3D 图像。或者你也可以在真实世界里，把眼光从这本书上移开来看这张图。

　　这并不是我们知觉深度的唯一方式，不过是主要的方式，3D 电影就是这个原理。3D 电影在你的左右眼分别展现略微不同的影像，你的大脑会负责余下的工作。通常这需要一副特殊的眼镜和一台特殊的放映机。放映机利用两种光投射出两种略微不同的影像，眼镜的左右镜片各过滤掉一种光，以确保每一种影像都传到正确的眼睛。

　　但是你怎么搞出不同类型的光呢？秘诀是偏振。你可能已经知道光以波的形式运动，这就是说存在振动而且有可能把振动限制在单向上。就好像你上下摆动一根绳子的一端，波就会沿着绳子上下摆动而不是左右摆动。

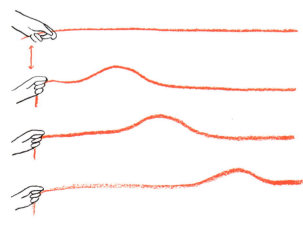

房间里的万象

3D 眼镜就是只有在光沿着正确方向振动时才允许它通过。

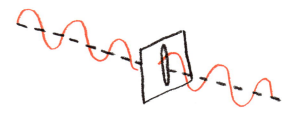

而当它方向不对的时候就无法通过。

如果你把 3D 眼镜拿出电影院，就能在家观赏光的偏振过滤效果。举起你的镜片对着平板电视，电脑屏幕，或者苹果手机（安卓不一定成功，取决于型号）。旋转眼镜，你会发现屏幕随之变亮或变暗。[S1] 因为来自 LCD 屏的光是偏振光。

有些人很不喜欢 3D 电影，所以让我来教你做一个自己的 2D 眼镜。下次人家拉着你去看 D 太多的电影（我个人喜欢多点 D），带上这个眼镜就可以纵享平面体验。

S1／如果你是从球幕偏光电影院拿的眼镜，你可能需要把它们转过来才能实现这个效果。

不喜欢 3D 的人经常抱怨自己感觉不好：头痛、眼酸、晕眩。罪魁祸首也许是视觉辐辏调节冲突：你在看东西的时候，你的大脑会同时做两件事。第一件是确保你的双眼都对着这个东西。也就是说，如果它离你近，你的双眼向内；如果它离你远，你的双眼视线就几乎平行（请翻页）。

这就是视觉辐辏，因为你的双眼正汇聚在某物上。同时，你的大脑还要确保你在看的那个东西在焦点上。它会通过挤压或拉伸你眼中的晶体来聚焦，直到你的视线不再模糊。基本上它就是计算出了合适的焦距，这被称为调节。

近景

远景

这两个任务彼此密不可分，意味着一个特定的视觉辐辏设置总是会伴随着一个特定的调节设置。因此当你的双眼辐辏在一个物体上的时候，你的大脑知道它配套的焦距是多少。特别聪明，还不需要你下意识去想。

现在你去一个 3D 电影院，眼镜骗你说的双眼辐辏在某个比实际的屏幕更近或更远的东西上面。你的大脑随后调节了相应的焦距，但这根本不合适，因为要看清东西，你需要聚焦在屏幕上面。

这会造成潜意识的不适感，所以这就是你为什么需要一副自己的 2D 眼镜。

房间里的万象

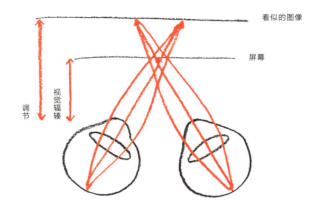

看似的图像

屏幕

调节

视觉辐辏

要完成这个项目，你需要的只是两副3D眼镜，而你需要做到的成果就是让一副眼镜上有两块左镜片（或右镜片）。

大多数电影院的眼镜都很脆，你可以比较轻松地把它掰出来，然后拿出另一副右镜片替换掉这一副的左镜片。搞定！

下次再去电影院的时候，你的双眼看到的就都是同一个影像，而且如果你需要一个飞扑去捕猎屏幕的话，也能精确地知道该跳多远。

单眼深度知觉

我们感知深度的方法不仅仅来自双眼立体视觉，其他活用技能包括：

- **调节**——我们需要怎样挤压或拉伸眼中的晶体才能让看到的东西处在焦点上。

- **视差**——就算闭着一只眼睛，我们也可以通过转动头部，来观察视野中对象的相对移动，从而得到不错的深度感。

- **对世界的知识**——假如我们预期现实世界的轮廓线是平行的，就可以用透视来搞清深度。如果我们已经知道某个东西有多大，就可以通过它在视野中占据多大空间来判断它距离我们有多远。

房间里的万象

我脑中的声音

让我们来偷看一下今天早些时候我大脑不同部分之间的对话：

海 1　　嗨，好吗?

海 2　　棒极了! 不能更好。

海 3　　呃其实……

海 1　　没有问你，海 3。

海 3　　对不起。

海 2　　你呢，海 1?

海 1　　不太好，老实说。

海 2　　发生什么事了?

海 1　　我正在写一本书，《房间里的万象》。

海 2　　不可能! 我也是! 写得可太顺了!

海 1　　我是说，进行得还算顺利，但我卡在大脑这一章了。

海 2　　怎么会? 你自己也有一个脑子，不是吗?

海 1　　我猜是吧……

海 3　　我觉得你的脑子非常可爱。

海 1　　闭嘴海 3，跟你没关系。

海 3　　对不起。

海 1　　我不觉得仅仅拥有某件东西就有资格去

谈论它。我有一张新街边男孩的黑胶唱片，是我 12 岁的生日礼物，[H1] 但我肯定不会坐在最强大脑的选手椅子上去回答关于它的问题。[H2]

海 2 胡扯。我有一个超酷炫的大脑。这就是说我知道关于大脑的一切。特别是那些和我一样酷炫的脑子。这是一个压倒性的事实。还有什么能比第一手经验更有用？

海 1 嗯……你非要说的话，大量该领域的研究？机智又启发性地，用创意来组织你的想法？

海 2 忘了这些吧，我对这事自有看法。我可是读过了不少博客。我最多一个钟头就能哗哗出这一整章的内容。

海 1 我对你的自信十分敬佩，海 2。

海 3 我敬佩你们俩，海 1 和海 2。

海 1 说真的，海 3，你没有更好的地方可以去吗？

海 3 ……其实没有。对不起。

海 1 你看，海 2。我不想让这个话题就这么一晃而过。你怎么知道你有一个了不起的大脑？

海 2 靠理智。我思考，因此我有一个了不起的大脑。证明完毕，笨笨。

海 1 这很有意思。我刚读完了邓宁 - 克鲁格

H1／这是真的。

H2／这不是真的，我完全可以靠自己对新街边男孩的传奇知识拿大奖。

房间里的万象

效应。我从没想过还能遇到一个典型标本，还是在我自己的脑子里！

海2 什么是蛋您酷哥效应？

海1 就是心理学家大卫·邓宁和贾斯汀·克鲁格1999年发现的东西。

海2 从来没听过，显然是废话。

海1 呃与其说是他们发现的，不如说他们把这个现象给术语化了。许多人过去都发现过这个现象，从孔子到莎士比亚再到达尔文。这是一种优越感的幻觉，由于人们无法意识到自己的无知而产生。这使人们相信自己比他们实际上的水平更能干。

海2 废物！

海1 没错。这是一种认知偏见。如果你去调查许多人，问他们擅长什么，超过50%会报告自己拥有超出平均的驾驶技能、性能力、智力以及等等。但他们不可能都高于平均的对不对？

海2 我110%同意这句话。

海1 本质上，这就是人们认识到自己能力不足的能力不足。

海2 是，是，有意思，但我可是不容置疑的聪明而且能力不足跟我半毛钱关系都没有。我有两个学位可以证明这一点。所以……继续吧。

海1 但这个效应在聪明人身上也有体现，当他们在讨论自己专业领域之外的东西时。

海2　我看不出来这怎么可能。如果我对某个领域有基本的了解，我可以直接外推，对不对？

海1　就像这样。基础性的理解甚至会让人更容易陷入邓宁－克鲁格效应。如果你对专业人士每天争论不休的那些细节一无所知，每个问题看起来都会非常好解决。而正如俗话说：魔鬼就在细节之中。

海2　让他们说去。世上无人可以与我比肩。细节，喊！

海1　这就像一个物理学家蹦进隔壁的医学实验室，"嗨！癌症科学家！你们做的全都错了！我刚想到的东西，你们成百上千的研究人员数十年的密集研究都没想到！来来让我给你们演示一下，拿好我的啤酒……"

海2　不是，就那一次。

海1　然后他们开始描述一个很多年前就已经检验并被否定的破理论，要是他们读过一点点文献或者，你懂，随便问过一个生物学家，都不会干出这种事。当一个人开始探索这种现象，到头来总是会发现邓宁－克鲁格效应，甚至在自己身上。随意浏览一下报纸，你会读到一些自己领域的东西——比如说新街边男孩——然后你

房间里的万象

就可以批判性地考虑自己是否同意作者。但是，小心你的盲点——比如说，在一篇讲同一时代的另一个乐队的文章，你就很可能被错误信息所左右。在这个"替代性事实"的新时代，这样很危险。

海2　啦啦啦啦啦。

海1　你在干吗?

海2　啦啦啦啦我在不听不听啦啦啦啦。

海3　我还在听，海1。

海1　别再这样了，海3。没跟你说话。

海3　对不起。

海1　我不知道，也许我错了。

海3　你是什么意思?

海1　仍然没跟你说话，海3。

海3　对不起。

海1　我在这个主题上做了大量阅读。我读了科学论文。我和心理学家谈过。我把书的这一章的草稿写了又改能有100遍。

S1／没错。

海3　那就是比史蒂夫至少多97遍……S1

海1　也许我全错了? 也许我根本不该谈邓宁 – 克鲁格效应? 也许我每一个想法都是错的?

海2　我知道发生什么了。你出现了冒充者综合征。

海1　哦。是了。我早该知道。你可真有眼光，海2。

海2	真的吗？我不知道什么是冒充者综合征。不过听起来很酷不是吗？我以前从没听说过这词。事实上我觉得它就是我这会刚想出来的，这个词：冒充者综合征。冒嗷嗷嗷充者综嗡嗡合征嗯嗯！多好，是不？真自豪。
海1	我简直不敢相信你连冒充者综合征都能邓宁 – 克鲁格。
海2	啥？
海1	冒充者综合征是真实存在的。它的命名比邓宁 – 克鲁格效应更早，是在大约1978年，由心理学家波利娜·R.克朗和苏珊·埃姆斯观察和记录。
海2	更多废物。
海1	意思是一个成就很高的人，持续地恐惧自己被拆穿是个"欺骗者"，认为自己配不上自己的成功。
海2	他们是不配。嘿，如果你不想要自己的成功，我可以免费从你手里拿走。
海1	极端情况下他们会把自己的成功归因为外部因素比如幸运或时机恰好，无视自己眼前的相反证据。最讽刺的是？他们有时也会把自己的成功归因于自己的"欺骗"，相信自己成功地让别人以为自己比事实上更聪明。
海2	听起来就像我对谦虚的理解。真可悲！

房间里的万象

海 1	但是，纯粹的谦虚是来自对自己技能的真实理解，然后出于某种理由去低调处事：出于社会内聚力、隐私或者罪恶感……冒充者综合征是指某人在相信自己能力不足上的能力过于足了。你懂我的意思。
海 2	一点也不懂，亲。
海 1	所以，总之，这就是我身上发生的事。海 2 会证明她受到邓宁-克鲁格效应的困扰……
海 2	不，我不是！
海 1	……正是这样，而原来我有冒充者综合征。
海 3	我爱你们。
海 1	你怎么还在？
海 3	对不起。
海 1	这提醒了我，你到底什么毛病？
海 3	我有斯德哥尔摩综合征。
海 1	这解释了很多问题。
海 3	那我可以继续了吗？
海 1 和海 2	不能。
海 3	我还是爱你们俩。

大脑的迷思

你是

左脑人   **还是**

                                                              右脑人

胼胝体是连接大脑左右半球的神经纤维。在严重的癫痫病例中，没有其他疗法能起作用的时候，切断胼胝体能阻止癫痫从一边大脑半球蔓延到另一半。

神经心理学家罗杰·斯佩里和迈克尔·加扎尼加发现，在这些两边大脑失去联系的"裂脑人"患者中，左右半球对刺激的反应是不一样的，说明两侧大脑在功能上有所不同，用来处理不同的任务。到目前为止还很科学。迷思来自流行心理学家：他们开始告诉我们性格也被一侧大脑所支配。所以，那些专注细节（左脑擅长这些）的人也应该是逻辑化的，因为逻辑也归左脑管。我们在实际生活中显然看不到这个现象，擅长某一项左脑活动不会让你更擅长别的左脑活动。

看起来这是个无害的迷思，但我很怕我家小孩去做在线测试然后发现"我是右脑型人所以我会数学很差"。

那有没有靠谱的性格测试？去做我们的性格测试测试就知道！（见104页）

男女不过是连线不同

男人来自火星，女人来自金星。人们这样跟我们说。两性都对双方的行为差异很感兴趣，通常的解释是大脑的结构性差异。但是科学对此怎么看？

在一项对现存数据的综合性研究中，心理学家达芙娜·乔尔带领研究者们分析了 1 400 个大脑的灰质和白质。他们发现了一些结构性差异，比如男性的左海马体平均来说比女性的大。但是，关键在于，有大量的重合。他们发现，最好是把男性到女性看作一个连续谱，然后看这个研究里的大脑能够落在哪个范围里。他们发现大多数大脑是"典型男性"和"典型女性"结构的综合，最多只有 6% 的大脑表现出了'仅男性'或"仅女性"特征。所以至少从结构上来说，"男性大脑"和"女性大脑"这种东西并不存在。

不过，我们的行为并不仅仅由我们大脑中整体结构的尺寸所定义。是它们连接的方式定义了行为，或者说"连接组学"。

放射学副教授拉吉妮·维尔玛和她的团队研究了近千人，发现了他们在连接组学上的可靠差异。比如说，女性在记忆和社会认知方面的通路较强。

但这个研究不能告诉我们的是，学习"女性化技能"是不是会导致一个更加"女性"的大脑，还是"女性化大脑"导致了更多"女性化行为"，男人的大脑也一样。

房间里的万象

看看是谁在说个没完？

在写这本书的时候，有件事一直在我脑子里打转。除非发生了微乎其微的小概率事件，让我们俩的写作字数完全相同，否则我们当中肯定有一个人会写更多字。

如果许多流行的观点可信，那一定是我。根据某个自助式手册，女人每天平均说 2 万个词，男性大概只说 7 000 词。另一个说法是女性 7 000 词，男性 2 000 词。什么？看起来他们就是瞎编了这几个数字，根本没做过稳重可靠经过同行评议的研究！

那么，女性比男性话更多吗？进入科学之门，用统计结果碾碎刻板印象！或支持刻板印象！让我们来瞧瞧究竟怎么回事。

2007 年，由得克萨斯大学的詹姆斯·W. 彭尼贝克领导的一项研究记录了近 400 名男女志愿者每天说的话，并计算了两组人平均每天说出的词的数量。没错，女性确实说得更多，但差距很小：女性平均每天 16 215 词，男性 15 669 词。如果你把这个数据用在这本书上，我只会比史蒂夫多写 4 页纸。差异小于 2%！我说这在统计上都算不显著。

让这个话题寿终正寝的是异常值：说话最少的（只

有 500 词）和最多的（47 000 词）都是男性。彭尼贝克对此研究了十来年，发现两性之间的差异大约在极小到不存在之间。

　　但是在这本书里是个什么情况？结果在此：

　　　　海 伦：24 896。**史 蒂 夫**：19 820。[S1] **马 特**：403。

　　因此在这所有 4 万词当中，男性写了 45%，女性写了 55%。当然这只是单个样本……我们得写上一系列的书才能得到有意义的统计数据。快回写作实验室去！

S1／19 821。[S2]
S2／19 822。[S3]
S3／19 823。[H1]
H1／好的史蒂夫，我们懂你的意思了……

元素什么的

4

ELEMENT
STUFF

喔，我们要开始正面谈及房间里的万象了吗？*

让我们用解释笑点的方式快速地杀掉这个梗……本章内容里我们会调查一些元素周期表上有，但是你没想到在房子里也有的元素。你灯泡里有汞，你烟雾警报器里有镅，果盘里有钾……还有一个远程控制我们日常生活的东西：钟里滴滴答的铯。在所有这些令人激动的元素世界，可别忘了出局者：在著名的超镄战争中被讨论过但从未得到确认的元素名。

让我们先从你在每个房间都能找到的元素开始……因为它们在你体内！

房间里的万象

你，包含万象

在最基本的层面上，我们都是用恒星打造的。

没错，我们体内的元素来自不计其数的巨大恒星之死：远在 120 亿年前，它们变成了超新星然后爆炸，把自身物质抛撒进整个宇宙。人体内的氢来历更久远：138 亿年前，就在宇宙大爆炸之后不久。

多么振奋人心的景象。不过我们要把眼光从天上移开回到地球，因为本章是关于我们周围的元素的。要不是房间里的元素，我们才不感兴趣！ [H1]

接下来是关于元素和房间的问题。

H1／直到第 6 章，那章万事都关乎宇宙空间。那我们就会感兴趣了。非～常地感兴趣……

如果你把一个人体内所有的星尘，我是说元素，都弄出来堆在厨房桌子上，看起来是什么样？

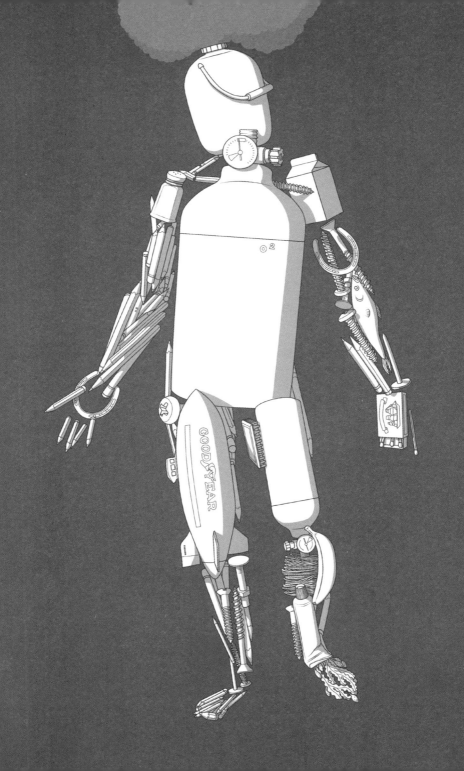

请注意我们不推荐在家尝试做这种事······

对人类生命十分必要，或至少十分重要的元素是哪些？最终清单仍有争议。答案可能在 19 种到 29 种之间，有时还包括微量的硼、镉、铬、钴、铜、氟、碘、锰、钼、硒、硅、锡、钒、锌。所有清单里都不含惊奇成分。

但让我们只来看一下你体内的前 12 种元素。

● ●

你的体内都有啥？

元素	身体质量 %
氧	65
碳	18.5
氢	9.5
氮	3.2
钙	1.5
磷	1.0
钾	0.4
钠	0.2
氯	0.2
镁	0.1
硫	0.04
铁	0.008

这里已经产生了一个问题。前四个元素里的三个，大约占了你质量的80%，在自然状态下都是以气体状态存在的：氧、氢和氮。假定你厨房是室温（21 ℃），1个大气压，而你是平均体重（80 千克），这些元素拿出来将分别占地39、91 和 2.2 立方米。

如果你的厨房有一个双层大巴那么大，这么多气体能刚好塞满。但千万记得不要开煤气，因为氢和氧的有效混合，再加一丁点儿明火火星，会把所有东西都烤焦。[H1]

接下来是碳。这个与众不同的美妙元素在每个人体内约14.8 千克，有多种方法可以把它们放上厨房桌子：把 12 333 支铅笔叠在一起；或者找一颗 74 000 克拉的钻石；把一个只有一个原子那么厚的碳层展开，形成一层神奇材料石墨烯，这个薄层比钢铁强韧百倍，比地球上任何东西的导电性都好，面积和伦敦市的哈克尼区一样大。唔。（也许是时候考虑扩建厨房了……）

然后是钙。一个人平均拥有1.2 公斤此类金属，99% 锁在你的骨骼和牙齿中。很难把它作为单质放上桌，因为它喜欢和别的元素反应，变成从石灰岩（碳酸钙）到老式火箭燃料（高锰酸钙）的各种东西。老实说这个东西自身没什么意思。你也许有那种花花公子朋友？你知道就是那种……为了不要单着什么都愿意，哪怕他们的罗曼史最后变成匪夷所思的无聊，要么就高度易燃易爆？对了，那就是钙。

接着是更多的金属。想象你手里拿着和一条面包

H1／通过把两个氢和一个氧结合，你可以将它们以一氧化二氢（水）的形式储存，这样更省空间。那么你手里只有 60 升水，可以轻松存进一个每条边长 85 厘米的箱子里，雷诺风景车的油箱也行。这样就紧凑多了，但本章可不讲化合物，是不?

房间里的万象

一样重的磷。在上面放一块钾，大概和罐头汤差不多重。在这个塔的顶上是台球那么重的一块钠。现在，想象你周围的空气点燃了手里那块钾引起致盲眩光，想象皮肤里的水点燃了钾和钠带来的剧烈灼痛。最好快点把它们从窗户里丢出去，不然那堆铅笔就要被火焰点着了……

　　沿着这个表往下看是接连不断的灾难事故：有毒的氯气，易燃的镁，蓝火的硫熔化着流过你的桌子在地上积起一摊血红的池沼。

　　直到你看到铁。啊铁。我们稳重的老伙计。平均来说一个人体内只有 6.5 克铁，和 10 便士硬币一样重。

　　所以，在你的双层大巴厨房充满了有毒气体，你的冰箱融化成一摊黏糊糊的水塘，握紧手中那小小的铁片，庆祝一下幸好人类已经是预包装好的肉娃娃，而非一包 DIY 星尘工具套装。

一个香蕉
两个香蕉
三个香蕉
四

我们要谈谈一个有史以来最棒的测量单位。不是米尺，不是千克，也不是光年……

不，是香蕉。

确切地说，是香蕉等效剂量（BED）。这是个很好的衡量辐射暴露的日常方法，你从附近的果盘里拿一个出来就能实现。[H1] 因为普通的香蕉含有半克天然钾，这东西有轻微的放射性。

不要恐慌！我们一直都会受到少量辐射，从来自外太空的宇宙辐射，到房子底下的地面，日常生活到处都有辐射。这就是为什么存在香蕉等效剂量：无论什么时候谈起辐射这个话题，然后 B 级片范儿的恐怖开始蔓延的时候，你可以简明易懂地解释一番。

呃，我虽然说"易懂"，但这可是个科学单位，只是完全用香蕉来衡量。[H2]

香蕉等效剂量告诉我们的是，在某个给定情景当中，你受到的有效辐射剂量，相当于吃了多少根香蕉。

H1／或者"草类盘"。香蕉当然是水果，但是它技术上来说是个草果，因为它们是草本植物的果子，并不像一般果树那样长着木质部分。

H2／并非正式单位。BED（香蕉等效剂量）尚未得到国际单位制的认可。我正在为此努力。

房间里的万象

为什么物理学家选择了蕉绿

地球上有超过 0.01% 的天然钾和别的钾不一样，它们是放射性的钾–40。其他的钾原子核有 19 个质子和 20 个中子，它们是普通的钾–39，而钾–40 不一样：它有 19 个质子和 21 个中子，因此不太稳定。

一万来个钾原子里，会有那么一个多出一个中子的钾原子。当这些"重"钾衰变时，它们会发射一个高能粒子，让这种超常见元素变得有轻微的放射性。[S1]

为什么用香蕉特别合适呢？因为这里数字特别美：你的普通级香蕉里有半克钾，这就产生了一个特别整数的真实微西弗每小时 μSv/h：0.1 微西弗，或 0.1 μSv。但 1 微西弗是多少呢？这个辐射量对人体意味着什么？好的，让我们用又弯又黄的水果来搞明白！

在我们开始比较之前，请不要因为香蕉有轻微辐射就不吃香蕉了。你需要钾来帮助维持血糖，保持心率，以及使神经细胞正常工作。而且如果你吃到足够多的香蕉，说不定能变成香蕉侠。[H1]

总之一把巴西坚果的辐射量也比一根香蕉高，[H2] 但是，多年来来自喜剧界的实验证据已经证明，香蕉是所有食物里毫无疑问最滑稽的。你又不能脚踩巴西坚果皮摔个狗啃泥。而且巴西坚果长得一点也不像丁丁。[H3]

S1／有关放射性钾衰变的时候到底发生了什么，请看 143 页。

H1／不你不会。

H2／不是因为巴西坚果的钾含量比香蕉高，是因为它们含有高度放射性的元素镭。香蕉现在看着一点不危险了，哈？

H3／如果你或你认识的某人的丁丁长得像巴西坚果，请立即就医。

等于几蕉……?

一个普通人每天忙来忙去，平均的辐射暴

露剂量：[H1]

高达 100 蕉 10 μSv

睡觉的时候边上躺了别人

半蕉 0.05 μSv

H1／暴露水平来自英国公共卫生部。

吃 100 克巴西坚果

100 蕉 10 μSv

吃一根香蕉

1 蕉 0.1 μSv

牙科 X 光片

50 蕉 5 μSv

康沃尔郡一日游 [H2]

150 蕉 15 μSv

H2／由于此地的放射性氡气。

房间里的万象

单次胸部 X 光片

140 蕉 14 μ Sv

从伦敦飞到纽约

800 蕉 80 μ Sv

从这里开始香蕉等效剂量开始解体了。要在从伦敦飞到纽约的路上吃 800 根香蕉绝非易事。那意味着每小时 100 根，且不说你怎么把这堆香蕉带过海关。

住在英国——平均年度辐射剂量

27 000 蕉，2.7 mSv[H1]

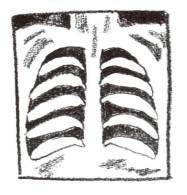

H1／1 mSv，或 1 毫西弗，等于 1000 μ Sv，或 1 万根香蕉。

住在美国——平均年辐射量

62 000 蕉，6.2 mSv

医院 CT 胸部透视

66 000 蕉，6.6 mSv

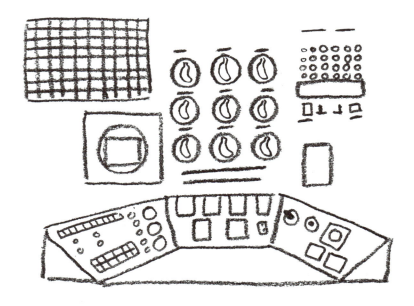

核电站工作人员的平均年职业暴露（英国，2010）

1 800 蕉，0.18 mSv

英国核产业员工年度最大上限：

200 000 蕉，20 mSv

会导致血细胞产生可见变化的暴露水平

1 000 000 蕉，100 mSv

每天英国家庭估计扔掉的香蕉数量 H1

1 400 000 蕉 140 mSv

H1／资料来自2017年Wr–ap（英国废物及资源行动计划组织）的估算。

持续遭受一个月，一半人类会被杀死的辐射剂量

50 000 000 蕉，5 000mSv

好了，对于大剂量辐射，香蕉等效剂量不太好用。吃5 000万根香蕉会带来大量健康问题，死亡不过是其中之一。

连吃7根香蕉，你就会到达英国推荐钾摄入量的上限。吃了400根香蕉后，心脏问题就会出现，因为细胞钾平衡失控，稳定心脏跳动的神经与肌肉不能工作了。虽然这么想想的话，你的心脏不会是第一个感受到400蕉之力的内脏器官……

而且，钾不会在人类体内积聚，因为它不断被排出以维持你体内不同金属盐的平衡。短时间内你生理上吃掉的香蕉数量，会因为身体代谢掉额外的钾的能力上升而在某个时刻达到平衡。存在这么一个自然的平稳状态。显然。我是说，我没试过。但我准备相信任何生物学家的话。

我的意思是，用香蕉等效剂量作为工作中的健康和安全指南，未必是个好主意。此外，请勿在盘子里放任何放射性物质！除非那是根香蕉。

汞

你可能听过汞是有毒的，但这种恐惧会不会只存在于你的头脑呢？呃，如果你有汞合金的填充物，是的，它在你头里，而且会缓慢渗进你身体的其他部分。不过汞真的危险吗？多少才算过多？家里其他地方的汞呢？

你第一个想到的可能是温度计。不过现在的温度计里其实没有水银。如果你还能找到个老式温度计，里面可能有，但是新的温度计都不用水银了。这太丢人了，因为水银明明是干这活的完美人选：

优点	缺点
在很大的温度范围内保持液态	神经毒性
不会湿润玻璃，所以温度降低时它不会粘在管道内壁导致错误读数	
在温度变化时体积变化很大，因此十分精确	
其体积随温度变化是线性的，因此水银柱高度的定点变化始终意味着温度发生了相应的变化	

房间里的万象

好吧，也不是特别完美。

汞仅有的另一条日用出路是荧光节能灯泡。

荧光灯管里有一小团水银，其中一些液滴会变成蒸气散发，不久之后汞蒸气数量就会和液体球重新吸收的量达到平衡。当电流通过蒸气时，汞原子受激成高能量态，稳定后发出紫外光。灯体内部的荧光涂层吸收这种紫外光，重新作为可见光发射出来。

优点	缺点
受激发出紫外光	神经毒性

现在温度计里的汞已经被彩色酒精取代了，但节能灯里的汞还没有替代品。我们需要担心它的毒性吗？

俗语"疯得像个帽子匠"就来自一个史实，过去汞化合物曾被用于弄平毛毡，其烟雾会导致"疯帽匠征"，症状包括偏执易怒，就好像阅读《每日邮报》在线版的评论区。汞甚至可以杀人。那我们为什么会把它放进牙齿和灯泡呢？

卫生部说，使用汞填充物没有风险。但让我们先在头上顶个锡箔帽子＊。做点算术来确认一下。

正常情况下，一个汞合金填充物每天在你体内释放 2 μg（微克）的汞。如果你打碎一个节能灯，吸入"好闻的蒸气"，你会吸收大约 0.07 μg 的汞。

＊译注／锡箔帽子被用来"屏蔽"大脑，使其免受磁场、控制大脑和读心的威胁，后来成了流行文化中对偏执、相信伪科学和阴谋论的刻板印象和代名词。

如果将之与我们通常认为完全安全的某件事——吃金枪鱼三明治——相比，这个摄入量如何？

首先，海洋里有很多汞。有些工业流程，比如燃煤，会将汞释放进大气，这些重获自由的汞最终会跟着雨水进入海洋。汞被食物链底层的动物比如浮游生物吸收后会留在它们体内，然后捕食者吃掉它们以后，汞又留在了捕食者体内。但是因为捕食者会吃许多浮游生物，这些汞的量就积累起来。这被称为生物富集（巧合的是，这正是我的宠物浮游生物的名字），它会随着食物链一路往上，直到抵达食物链上的顶级捕食者：金枪鱼。

金枪鱼富集了不少汞，吃一个金枪鱼三明治大约会让你摄入 $50 \mu g$ 的汞。你要把每个牙都装上填充物才能达到一天一个金枪鱼三明治的汞摄入量。或者打碎 700 个灯泡。这个程度的汞暴露目前还没有已知的健康影响。但是如果你把家里所有灯都砸了来证实这一点，太黑了你可能会撞到东西弄伤自己。

最后一个反转：老式的白炽灯实际上往环境里释放的汞比节能灯还多，虽然它根本不含汞。因为它们耗电，而有些电能是通过燃煤生产的，这个过程中会释放汞。这两种灯泡耗能程度的差异，足以让白炽灯当上目前为止的最大反派。

这一切都说明，我们牙齿里和家里的汞并没有那么危险。也可能是我们已经被金枪鱼三明治搞疯了，只是自己还不知道。

事实上，仔细想想，人们确实说我是偏执狂。

好吧，他们没有说出口，但我知道他们就是这么想的！

爱当镅国人

在科学奇客节上，我们在自己的场次里引发了几次火警（见191页，史蒂夫的旋转垃圾桶火灾）。

你家里天花板上大概也有这样一个火灾检测器。如果没有，你该去搞一个……如果你有，那帮个忙，上去戳戳看电池还在工作不，好吗？

在许多烟雾探测器的核心[H1]是一种在核反应堆的熔炉中锻造的放射性元素，最初是曼哈顿计划的副产品——曼哈顿计划是美国科学家在"二战"期间的秘密实验，最后研发出了原子弹。这种元素在自然界基本不存在。1944年它被制造出来，根据"美洲"（Americas）命名为"镅"（americium），是元素周期表上的95号元素，就在63号"铕"（europium，以欧洲命名的元素）的正下方。

和镅一样，铕也是一个罕见物种，但它可能已经在你不知道的时候溜进了你家——乘着你的钱包。这个元素被用于给欧元纸币的防伪标识上色，只有在紫外线下才能看到。行吧。微妙。和镅不一样，太不一样。

镅这种柔软的银色金属，有种特别适合做安全设施的性质。讽刺的是，这种性质来自它持续放出某种辐射。和其他容易提取或制造的放射性元素比如镭不同，

H1／市场上有几种类型的探测器。有些使用电离辐射，就是本章所描述的那种，不过现在认为这种太敏感了不适宜厨房安装。房间的其他地方仍然可以装这种，除非你经常在浴室里烤土司。

镭会放出许多 α 粒子辐射，但其他的辐射不多。^{H2}

这些 α 粒子基本上就是个飞行的氦核——两个中子和两个质子粘在一起。因为它们太重了，所以飞不了多远，而且很容易被一张纸给挡下来。这有助于把你家里的辐射控制在最小范围内。虽然烟雾探测器的盒子通常会用不那么易燃的材料。安全起见。

正是这些管闲事的 α 粒子帮助探测到最最小的烟雾颗粒。来自一小块镭的辐射通过了一个电离室，这是探测器内部的一个小空间，对着房间开口。因为 α 粒子带电荷，它们会制造出一股持续的小电流经过电离室。任何通过这个电离室的东西：烟雾颗粒、烤焦吐司颗粒，除臭剂喷雾颗粒，方向特别对的一个喷嚏——都会干扰电流。这种干扰会被探测器接收到，然后触发警报。干得漂亮。

图 1：隔壁邻居的状态：友善

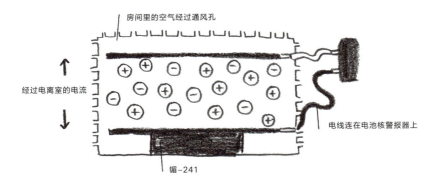

房间里的空气经过通风孔

经过电离室的电流

电线连在电池核警报器上

镅-241

图 2：隔壁邻居的状态：中风

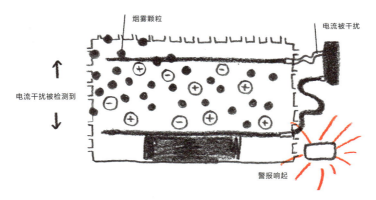

烟雾颗粒

电流被干扰

电流干扰被检测到

警报响起

你需要担心天花板上这个放射性镅的小盒子吗？不用。部分是因为不是所有烟雾探测器都是用电离辐射的——有些是用一束光，在烟雾颗粒经过光的通道时触发报警。部分是因为你放根香蕉在那里的辐射剂量也比它高，但是房子着火的时候香蕉的报警效果差得多了。

房间里的万象

氩和地球的历史

汞不是你荧光灯里唯一的气体，另一个是氩。它在很多方面和汞恰好相反：无害，惰性。而且它还很有故事。

氩和元素周期表上其他的元素不太一样。它不太守规矩。如果你去看这个元素的质量和它的模式，你会发现氩独树一帜。原因在于，地球，非常非常古老。

一个原子的质量主要来自其质子和中子（电子太轻了可以无视）。质子和中子质量相同，所以我们就有了个好单位来衡量原子的质量，叫原子量。比如说，氦有两个质子和两个中子，所以它的原子量是4（我稍微简化了一下，不要写下来）。

一个典型的原子有一个中子配一个质子，不过这条规则并没有被严格遵守——一个明显的例外是氢，它有一个质子但没有中子。但通常来说这个规则还是起作用的，大约起作用到元素周期表上的钙为止。

下图是沿着元素周期表一路往上，原子中的质子数和中子数。

首先你会发现氩一枝独秀：过于秀了它比它后面的元素钾都要重。

再仔细看看你会发现一些别的异样。

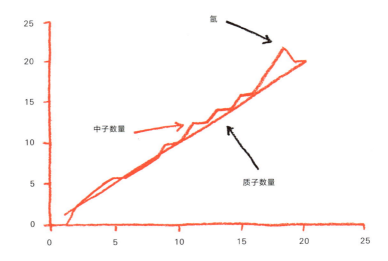

中子数量不总是整数。怎么会呢？难道原子里还有几分之几的中子吗？答案其实很普通。元素会有不同数量的中子，所以我们就已知的取平均值。比如说碳通常有 6 个中子，但它偶尔也有 7 个或 8 个，这就把平均值带到了 6.01。

有趣的是，氩过去相当遵守这个规则，而且在宇宙的其他地方它也还是如此。例外只发生在当下的地球。但是为什么呢？

这都是因为氩形成的过程。地球上氩形成的方法和宇宙其他地方不一样。大多数宇宙中的氩来自恒星内部的核聚变，这种方法会压倒性地生产出拥有同样质子和中子数的氩：各 18 个。但是在地球上，大多数氩是来自放射性香蕉 H1 钾的衰变。这个方法会造就更重的氩，有 18 个质子和 22 个中子。

因此地球的大气里有一些恒星生出来的氩，但大多数还是钾生的玩意儿。事实上，钾的衰变造成了如

H1／更多细节见 142 页。

房间里的万象

此之多的氩，它在我们呼吸的空气里数量排第三。

不过这是一个缓慢的过程。放射性元素衰变的速率不同，钾尤其慢。实际上一坨放射性的钾大约要花上10亿年才能衰变掉一半原子（其中只有10%会衰变成氩，其他的会变成钙）。所以氩现在那么重，完全是因为放射性钾在整个地球45亿年的历史中衰变个不停。

当俄罗斯化学家德米特里·门捷列夫在1860年代整理出元素周期表时，他一开始把元素按照重量排列，然后寻找它们行为的重复模式。在许多情况下，原子质量估计得很粗略，所以如果门捷列夫发现某种模式要求重的元素在轻的元素前面，他会把它往前排，假定质量可能算错了。他当时不可能知道，在氩和钾的故事里，质量其实是对的，而这段有趣的小插由还照亮了地球的远古历史。

当代凯 "铯"

这个元素拓展了"房间里"的概念，因为它并不是真的在房间里和你在一块儿。但是没有它的话，你很多在室内的事情都干不成，比如看电视、打手机、搜索因特网等。

所有这些我们今天习以为常的技术，都需要先回答一个非常重要的问题，之后才能工作。这个问题需要的不仅仅是回答正确。它需要在地球上任何地方，以及外层空间，都完完全全地精确。

这个问题就是：一秒有多长？

回答这个问题可能比你第一反应想到的要难得多。[S1]

过去，你可以测量地球绕地轴旋转一圈的长度，除以24，再除以60，再除一次60，你就得到了一秒的长度。如果你测量一天正午到第二天正午的时间，如此几百天之后取一个平均值，用"平均太阳日"来计算一秒的长度，最多有千分之一毫秒的误差。但这种好日子已经一去不复返了。

如果地球转动的平均时长在未来发生了变化，那可怎么办？那就会使以上计算陷入混乱。这不是一个只存在于理论中的问题：因为月亮、地球和潮汐之间的相互作用，平均太阳日正在逐渐变长。量不大，但足以

S1／虽然普遍接受的一秒的长度是你发出一条有拼写错误的推特到有人指出为止的这段时间。

让我们去找别的解决方案了。它需要一些更可靠、更基本、更……元素的东西。

假如事物按照不同定义的时间来运作，这世界会出大麻烦。股票市场交流延迟1微秒就会影响数百万镑的交易的协调。GPS依赖绝对的时间来协调各个地区的设施和地外的卫星，不然我们都会迷路。

甚至在19世纪40年代的英国，人们就知道时间统一有多么重要了，因为新的国家铁路网开始在全国运行。在那之前，各个城市用自己的日晷计时是完全没问题的。牛津就比格林尼治标准时间晚5分钟。诺维克在伦敦更靠东，于是时间也早上几分钟。布里斯托尔的钟报时要比首都整整晚上十分钟。当一个横贯全国的铁路和列车网络建立起来的时候，各地使用不同时间显然会造成时间表上的大混乱，或者更糟：真的会发生列车事故。所以大家决定全国都用伦敦时间。布里斯托尔例外：一直到1852年，这地方还坚持在时钟上加一根分针，来指示官方"铁路时间"和本地时间。

这里就该千家万户都有代理的元素出场了……铯钟！

尽管"铯钟"这个词不能很好地描述事实上发生了什么。铯是一种挥发性的金属，性质跟钠和锂相似，一旦接触水就会爆炸。非要说的话铯也能用来做钟壳、齿轮和发条，但老实说我认为这样很不妥。

事实是，到了1955年，英国国立物理学研究所

（位于伦敦特丁顿）的科学家制造出了最早的精确铯原子钟。他们现在还管着英国的铯钟。他们也负责在全

时间领主

国立物理学研究所
汉普顿路
特丁顿

国范围规定人们的时间感，字面意义上是时间的领主。这可真是史上最酷的名片。

从 1967 年开始，1 秒被定义为"铯–133 原子基态的两个超精细能级之间跃迁时所辐射的电磁波的周期的 9192631770 倍"。从加勒弗雷文＊翻译过来，这句话的意思是：用一束高能激光把一块铯冷却到绝对零度以上的几分之一度——因此它就处在宇宙可能的最低温之上一点点。

＊译注／加勒弗雷是英国科幻电视剧《神秘博士》里时间领主的故乡。

然后，另一束激光把这些铯原子踢到空中，让它们掉下来——有点像喷泉，但这块喷泉很奇怪地由超冷金属原子构成，完全不带一点儿水。[H1]

H1 ／谢天谢地。参考前述信息：铯遇到水会怎样。

接着我们勇敢的时间领主用微波轰击这些下落的原子，使其在两种不同能级之间跃迁。而铯跃迁的时间精度能达到难以置信的程度。国立物理学研究所的钟在 1.58 亿年里都不会多出来或少掉一秒。不止如

房间里的万象

此……下一代原子钟还能使用更精确的测量元素，比如锶和镱。这些金属的能级跃迁能让时间精确到140亿年误差一秒。比宇宙的年龄还长了。妈呀，这帮时间领主真行。

这个故事有个寓意：你在地球上存在的短暂时间，正在被我们简单的人类大脑几乎无法理解的精确性所衡量。

所以不要浪费时间：
莫等原子钟
铯握每一天！

远去的 –iums *

2016 年 11 月 28 日，我终于面对了自己毕生渴望却终将难以实现的事实。最近发现的 4 种元素（到那天为止，尚未正式命名）终于有了官方称呼，一个也不叫海伦阿尔锐连个厚脸皮的史蒂夫莫尔氡*都没有。

IUPAC[H1] 最后同意把其中三个以发现的地区命名：日本的 Nh，莫斯科的 Mc，田纳西的 Ts，还有一个名字纪念合成元素之父尤里·奥加涅相而命名为 Og。

很好！我才不想要你们的破新元素起我的名字呢！

呃，破不是个正确的词，但我觉得它挺合适。这些元素当中有些只存在那么数个原子。有些只能存续几分之一秒。它们反正也没有什么有用的实际用途。转念一想，尤里和你们这帮人，自己留着吧，

而我呢，我要开始用元素周期表里现成的元素拼我的名字。

啊。

亲爱的门捷列夫，

我们遇到个问题。

海·阿尔尼

该死的 IUPAC！好好整理你的字母表！这东西让

* 译注／–ium 是许多元素名称的后缀。

* 译注／作者名史蒂夫·莫尔德加化学元素常用后缀–don。

H1／国际理论和应用化学联合会。他们会给元素选名字。我是说，我确信他们还有很多别的事情要做，但目前我认为起名字是他们的主要任务。

Periodic Table of the Elements

原子序数 → 符号
名称
原子量

1
H
Hydrogen
1.008

Group	1 IA	2 IIA	3 IIIB	4 IVB	5 VB	6 VIB	7 VIIB	8 VIIIB	9 VIIIB	10 VIIIB	11 IB	12 IIB	13 IIIA	14 IVA	15 VA	16 VIA	17 VIIA	18 VIIIA
	1 H Hydrogen 1.008																	2 He Helium 4.002602
	3 Li Lithium 6.94	4 Be Beryllium 9.0121831											5 B Boron 10.81	6 C Carbon 12.011	7 N Nitrogen 14.007	8 O Oxygen 15.999	9 F Fluorine 18.998403163	10 Ne Neon 20.1797
	11 Na Sodium 22.98976928	12 Mg Magnesium 24.305											13 Al Aluminium 26.9815385	14 Si Silicon 28.085	15 P Phosphorus 30.973761998	16 S Sulfur 32.06	17 Cl Chlorine 35.45	18 Ar Argon 39.948
	19 K Potassium 39.0983	20 Ca Calcium 40.078	21 Sc Scandium 44.955908	22 Ti Titanium 47.867	23 V Vanadium 50.9415	24 Cr Chromium 51.9961	25 Mn Manganese 54.938044	26 Fe Iron 55.845	27 Co Cobalt 58.933194	28 Ni Nickel 58.6934	29 Cu Copper 63.546	30 Zn Zinc 65.38	31 Ga Gallium 69.723	32 Ge Germanium 72.630	33 As Arsenic 74.921595	34 Se Selenium 78.971	35 Br Bromine 79.904	36 Kr Krypton 83.798
	37 Rb Rubidium 85.4678	38 Sr Strontium 87.62	39 Y Yttrium 88.90584	40 Zr Zirconium 91.224	41 Nb Niobium 92.90637	42 Mo Molybdenum 95.95	43 Tc Technetium (98)	44 Ru Ruthenium 101.07	45 Rh Rhodium 102.90550	46 Pd Palladium 106.42	47 Ag Silver 107.8682	48 Cd Cadmium 112.414	49 In Indium 114.818	50 Sn Tin 118.710	51 Sb Antimony 121.760	52 Te Tellurium 127.60	53 I Iodine 126.90447	54 Xe Xenon 131.293
	55 Cs Caesium 132.90545196	56 Ba Barium 137.327	57 - 71 Lanthanoids	72 Hf Hafnium 178.49	73 Ta Tantalum 180.94788	74 W Tungsten 183.84	75 Re Rhenium 186.207	76 Os Osmium 190.23	77 Ir Iridium 192.217	78 Pt Platinum 195.084	79 Au Gold 196.966569	80 Hg Mercury 200.592	81 Tl Thallium 204.38	82 Pb Lead 207.2	83 Bi Bismuth 208.98040	84 Po Polonium (209)	85 At Astatine (210)	86 Rn Radon (222)
	87 Fr Francium (223)	88 Ra Radium (226)	89 - 103 Actinoids	104 Rf Rutherfordium (267)	105 Db Dubnium (268)	106 Sg Seaborgium (269)	107 Bh Bohrium (270)	108 Hs Hassium (269)	109 Mt Meitnerium (278)	110 Ds Darmstadtium (281)	111 Rg Roentgenium (281)	112 Cn Copernicium (285)	113 Nh Nihonium (286)	114 Fl Flerovium (289)	115 Mc Moscovium (289)	116 Lv Livermorium (293)	117 Ts Tennessine (294)	118 Og Oganesson (294)

57 La Lanthanum 138.90547	58 Ce Cerium 140.116	59 Pr Praseodymium 140.90766	60 Nd Neodymium 144.242	61 Pm Promethium (145)	62 Sm Samarium 150.36	63 Eu Europium 151.964	64 Gd Gadolinium 157.25	65 Tb Terbium 158.92535	66 Dy Dysprosium 162.500	67 Ho Holmium 164.93033	68 Er Erbium 167.259	69 Tm Thulium 168.93422	70 Yb Ytterbium 173.045	71 Lu Lutetium 174.9668
89 Ac Actinium (227)	90 Th Thorium 232.0377	91 Pa Protactinium 231.03588	92 U Uranium 238.02891	93 Np Neptunium (237)	94 Pu Plutonium (244)	95 Am Americium (243)	96 Cm Curium (247)	97 Bk Berkelium (247)	98 Cf Californium (251)	99 Es Einsteinium (252)	100 Fm Fermium (257)	101 Md Mendelevium (258)	102 No Nobelium (259)	103 Lr Lawrencium (266)

我怎么印在浴帘上？

氦 2 Helium	氮 7 Nitrogen		氩 18 Argon	氖 10 Neon	钇 39 Yttrium

至少还没有史蒂夫的版本糟：

然后这什么鬼？

硫 16 Sulfur	碲 52 Tellurium	钒 23 Vanadium		钼 42 Molybdenum	铀 92 Uranium

事情是这样的。我们都知道而且爱着元素周期表

铁 26 Iron	硫 16 Sulfur	钛 22 Titanium	钒 23 Vanadium	铝 13 Aluminium		氧 8 Oxygen	氟 9 Fluorine		碲 90 Tellurium		硫 16 Sulfur	钋 84 Polonium	钾 19 Potassium	氮 7 Nitrogen		氖 10 Neon

上有的 118 个元素，有时还唱出来。[H1]

但是这 118 个名字里，有些很不一样。从 2004 年的铌尘埃落定以后，IUPAC 花了 12 年才确认这四个元素真实存在。后来又花了一年才真的在这些名字上取得共识，提名正式来自创造出它们的科研团队，非正式地来自这个星球上所有其他人。[H2]

和 20 世纪 60 年代到 90 年代初的命名争端相比，给最近这四个元素起名字还算轻松的。那是史称"超镄元素战争"期间，这个名字来历是因为牵扯到镄（100 号元素）之后的元素。冷战意味着全世界的科学家（特别是西德、俄国和美国的核物理实验室）都互相

译注／字面意思为"科技怪咖脱口节"，本书译为科学奇客节。

H1／去 YouTube 找汤姆·莱雷尔完整版的"元素之歌"，包括了新的这些，化学咖们！

H2／我提名的 HelenAr-nium 从来都没有机会，不过有个线上的请愿要求其中一个新元素命名为 Lem-mium，来自摩托头主唱伊恩·"莱米"·凯尔米斯特，他不幸在这些新发现正式确认那段时间去世。这很合理，莱米就是重金属。上次我看的时候那个请愿已经有了 157185 个签名，但遗憾 IUPAC 不为所动。

房间里的万象

独立而非合作，竞赛着想要发现新元素，好更华丽地把对方炸上天。哦，好吧，其实科学家也会找找这些新元素的其他用途，但是军方研究提供了大量资助，所以他们的活占大头。

以下是这些狂野年代里关于元素命名发生了什么，排名不分先后：

* 清嗓子，深呼吸 *

美国人提名 **seaborgium**（Sg）为 106 号元素，以化学家格伦·T. 西博格命名。不幸的是，这样行不通，因为打破了一个重要传统：西博格还活着。[H1]

H1／嗯……用我名字命名元素这么看有点不那么有吸引力了，如果得跨过这一关的话……

继续。竞争对手的标书上，俄国把 105 号元素命名为 **nielbohrium**（Ns），以丹麦物理学家尼尔斯·波尔命名，美国却管它叫 **hahnium**（Ha），以德国化学家奥托·哈恩命名，哈恩还被提名云命名 108 号元素，不过那个最后被叫作了发音相近的 **hassium**（Hs），来自德国的黑塞州。

该死的。我差点就能让我名字首字母变成一个元素了！不过后面还有……你还在看吗？

作为妥协，IUPAC 建议 105 号元素叫 **joliotium**（Jl），来自玛丽·居里的女儿女婿，约里奥–居里元素猎人团队。这些都没有进入决赛，元素 105 最后叫了 **dubnium**（Db），来自俄国位于杜伯纳的研究中心。

在某个时候也有人建议用 **dubnium** 给 104 号元素命名，但俄国人想要那个元素以他们的人伊戈尔·庐尔查托夫来命名叫 **kurchatovum**（Ku）。

与此同时，**rutherfordium**（Rf）是俄国人最想

要用来命名 103 号元素的字，但是美国人已经先提名 104 号元素叫这个了。而 IUPAC 建议用厄内斯特·卢瑟福命名完全不同的另一个元素 106 号，他是生于新西兰的英国物理学家，第一个概括了原子的结构。

在随后的讨价还价中，104 号变成了 rutherfordium，103 号成了 **lawrencium**（Lr，此前写作 Lw），根据发明粒子加速器的美国发明家厄内斯特·劳伦斯命名，许多这些合成元素都是借由粒子加速器才能被发现。106 号元素最终决定叫 seaborgium，虽然格伦·西博格还活得鲜蹦乱跳的。

你搞明白了没？

102 号元素给起了 **nobelium**（No）、**joliotium** 和 **flerovium**（Fo）这些名字。最后 No 赢了：它叫 nobelium，写作 No。来吧继续！

此后，来自俄国弗莱洛夫实验室的 **flerovium** 活到最后，命名了 114 号元素，但这里还有一大堆讨厌的事情我们没时间展开说了。

奥托·哈恩的 hahnium 再次面对审判，和法国物理学家亨利·贝克勒尔（**becquerelium**，Bc）竞逐 110 号元素，但笑到最后的是德国城市达姆施塔特（**darmstadtium**，Ds）。

老朋友尼尔斯·波尔（nielsbohrium）又从 105 号元素转战 107，但是掉了半边（名字，不是半边原子）变成了 **bohrium**（Bh）。

我希望你能记住这些所有，文末有小测验……

我最喜欢的超镄战争元素可能是 109 号，某种意义上 Ha 被第三次拒绝。到最后 109 号元素成了 **meitnerium**（Mt），是为了纪念这个领域少数的女性核物理学家之一，她在这个男性主导的领域里奇军突起。她名叫丽泽·迈特纳，1944 年的诺贝尔化学奖没有提名她在核裂变方面的开创性工作，此事至今还在被群嘲。

那么，你问，是谁拿了那个诺贝尔奖呢？

没错：奥托·哈恩。以"差点能以自己名字命名 105 号元素"著称的那位阁下，以及"差点 108 号元素""差点 109 号元素"和"差点 110 号元素"。

哈恩可能得到了一块上面有他名字的金奖牌，而迈特纳的名字在元素周期表上。

我管这个比分叫：零比迈特纳。

也许在一个平行宇宙里，hahnium 胜出了，于是我的名字首字母就上了一个真正的元素！但是那样丽泽·迈特纳就什么都没有了。[S1] 我觉得我还是待在这个现实里好了。

S1／我不太确定这有没有帮助……我的名字已经在周期表上了，是钐（samarium，Sm）没帮助？行，好。那某个被否掉的名字也该提一下？不要？真不要？你……

丽泽·迈特纳，核物理学家，专业狠人

EXPERIMENT
STUFF

晚8点
派对
预约

加点机智的科学料，能拯救最没劲的晚会。根据本章接下来简单的手把手指导，这些实验你可以和宾客们做上一整晚。你需要的全部素材不过是一些已经躺在你家里的小东西，以及一股无法阻挡的勇气。

我们科学咖对聚会不是很挑，而且就算是一个信封的开场，也可以很实验地导致封皮掩盖下的异样光彩。我们还会告诉你怎样用旋转的火焰和烟圈来增强气氛照明，用科学鸡尾酒驱散压抑，以及用随机控制试验来精确测量房间里的嗡嗡声。

不过，首先，让我们像 1799 年格鲁吉亚人那样搞派对，一路火花带电击。

房间里的万象

我的小小物理实验

别人经常问我是怎么走上科学道路的。我总是（有点尴尬地）告诉他们，这得感谢人人都喜欢的扭曲解剖学塑料马玩具：小马宝莉。

请容我解释。在我是个 7 岁小孩的时候，我最珍贵的财产是一条艳粉色的小马宝莉睡裙，材质 100% 由纯聚酯纤维制成。不要说怪话，那是 20 世纪 80 年代，那时候什么东西都是用聚酯纤维做的。

这条睡裙所代表的时尚流行让成年人的我不堪回首。它代表的时尚让 7 岁的我都不堪回首。但这些都不重要，因为这条裙子不仅仅是一件衣物。它是个……科学实验器材！

作为一个年幼且好奇的怪咖，我在夜间舒服地蜷在这件衣服里的时候发现了奇怪的事。只要我穿着这个马形百衲怪的时候，在黑暗的羽绒被里稍微动一动，就会产生小小的闪光和轻微的噼啪声。显然那时候我不知道这是物理学，我单纯以为这是小马宝莉魔法的一部分。

但不是，这是静电。就是那个有时候摸车门会震你一下的东西；那个让气球黏在猫上后果很搞笑的东西。那个东西就是因为电子从轨道上被分离，集中在物体表面，直到某件东西有意无意把它们释放回了大地。那个东西甚至很多人都已经不把它视为科学知识了，因为太寻常太普通了。

但对 7 岁的我来说，静电是一种影响深远的体验。它为我打开了通向科学的好奇心之门，我想要为此感谢小马宝莉。尽管他们把容易捂出汗的聚酯纤维用在了大量儿童睡裙里，但他们悄然在此掩护下制作了完美的来电设备。虽然在以后的人生里，我发现在真实关系中它效果完全相反……

噼啪……嘭……喀啪！

我的这些早期实验在任何意义上都不是最早的高能聚会。18 世纪电力派对曾风行一时。有些人用自制

房间里的万象

装置让玻璃球和羊毛料摩擦产生静电，可以用来玩一些惊人的戏法，比如……在没有人碰到的情况下给书翻页，或者让假蜘蛛在空中起舞………啊啊啊……

其他还有更奢侈的：一条活的电鳗。宾客们手拉手，最不幸的来宾把手指伸进放着电鳗的水箱里给所有人通上电。这也许是后来派对名场面康加舞的起源。[S1]

换一个灯泡需要多少僧侣？

据 1746 年的一次实验，大约需 200 个 [H1]。虽然他们其实不是在换灯泡，而是被用于制作一种原始的人类电缆。让·安东尼·诺莱特是一位兼职科学家和法国巴黎迦太基修道院的全职院长，他说服了几百个教会的兄弟们两手各拿一根 8 米长的铁丝。他们可能意识到会出问题，但仍然义无反顾地一根接一根连在一起，排了 1 英里那么长。

诺莱特对着第一个僧侣释放了一个强大的静电电击。据记载，抽搐和痛苦的尖叫几乎当即蔓延到整条队伍中。僧侣们证实了电能把信息传播很长一段距离，远超人力所能及，这为将来的电报打开了一条路。不幸的是，诺莱特那个时候能发出去的消息只有："嗷！"

身体带电

电力派对一直持续到 19 世纪，随着技术的进步，对鳗鱼放电和僧侣电线的依赖逐渐消失，被更可靠的电力储存和静电传输方法所代替。英国科学仪器制造商约翰·卡斯伯森在 1821 年出版了《实用电力和电疗》一书，促销他的自制发电科学工具包。除了关于怎样"从病人身上吸走电场"[H1] 的指导，这本书还提供了许多详尽的派对戏法指南，包括后来人们所知的"电力维纳斯"：让一位女士站在一个绝缘的凳子上，身上充满静电，然后邀请在场绅士们去吻她。但当这些衣冠楚楚的人赢得佳人一吻时，火花会到处迸发，而且更有可能让胡子而非佳人芳心融化。

一个完全隐藏在裙撑和衬裙里的范德格拉夫发电机，可以说是对当时这种流行的不错的致意。不过你可能会觉得有人会注意到那底下有嗡嗡声……

H1／19 世纪 20 年代早期，电曾经被视作治疗一切毛病的良方，从痛风到目盲再到拯救溺水者。连尿路感染都治，但愿不是直接应用于患处。

我还得在这里等多久才会有人发明打火石?

房间里的万象

怎样开个静电派对

第1步 想要引导最来电的派对，有什么能比导电实验更棒呢？

第2步 搞个橡胶气球。颜色和类型不重要。如果你已经有个派对，附近一定有几个气球。

第3步 拿个节能灯泡。类型很重要。橱柜小灯和哪些螺旋口台灯灯泡最好用。

第4步 关掉所有的灯，或者躲在厚厚的羽绒被里。既然要开派对，你可能早晚会这么做的，我猜只是为了好玩，要是你去我那种派对的话。你或许需要花点时间让眼睛适应弱光照，从而能够看到静电实验的效果。10分钟就够了。3~4天或许就太久了。

第5步 在干净的长毛发上大力摩擦气球。毛茸茸衣服，尼龙毯子，路过的猫或者你从7岁开始就藏进阁楼秘密抽屉里的童年小马宝莉睡裙，都可以。做这个就是要把许多额外的电子骗来气球表面，造成负电荷。因为气球的橡胶是很好的绝缘物，所以电子被关住了哪儿也去不了……至少目前去不了……

第6步 如果你是一个特别循规蹈矩的派对客，你可能会发现什么都没发生。给气球打上气，重复第4步。

H1／不要把灯泡插上电源。那绝对是作弊。

一旦气球完全"充电"了，把它移到你的灯泡中央，^{H1} 气球上的电荷会飞快冲进灯泡里，通常还会带着一些噼噼咔咔的爆裂声。一旦你有了一段移动的电子，你就得到了电流……然后电流会让灯泡亮那么一瞬间。

铛铛！你的静电力派对开始！

我们诚挚地邀您参加
信封开"幕"式

随便拿个垃圾邮件然后去个黑暗的地方（没准又是羽绒被）。把封口往后剥开一点，把你眼睛贴在缝上。现在继续剥。你应该能看到随着胶水剥开产生了一条细细的蓝光。

不是只有信封胶水会这样。压碎一个宝路薄荷糖也有同样的效果。

这被称为摩擦发光：化学键断裂时产生的光。

"化学键断开有时候导致电荷分离。当电荷重新聚集时会发出光。之类的吧。"

我们尚未很好地理解这一现象，怀疑是因为用来把带电粒子拉开的能量（在扯开信封时你传入胶水的能量）在电荷重新聚集时转化为光。

房间里的万象

史蒂夫·莫尔德
很荣幸邀请:
读者加一位同伴
至:
信封开启之夜
地址:
羽绒被里,床上,你家
时间:
天黑后
这是自带信封聚会,所以请带好你自己的信封
着装标准:
睡衣

自吸小珠

　　在我职业生涯的早期，有人问我能不能给孩子们的派对搞个化学秀。我的学位是物理学，这使我相当不够格。但是我答应了，心想我晚点能搞明白细节的。（化学反正只是物理的一小部分嘛，所以我以为万事大吉）。

　　搞化学秀的难度在于搞到那些有趣的化学物质，比如液氮。所以我想搞个只有聚合物的专场，基本上就是塑料，那就很容易弄到。节目里满是奇怪神妙的分子，比如聚氧化乙烯，它的分子如此之长以至于溶于水的时候可以把自己从烧杯里倒出来。

　　这种奇怪的行为迫切需要解释。我看过美国科学传播专家史蒂夫·斯潘格勒，用一条烧杯里的塑料珠链做的解释。这条珠链模仿勒聚环氧乙烷的分子：只要拉出一点儿，剩下的都会跟着出来。

　　我想看看我是否能重现这个效果，但不想用塑料珠子而是金属珠子。因此我买了 50 米长的金属小珠链，就是办公室窗帘边上那种，用来开合百叶窗的。

幸运的是，金属珠子倒也可以实现这个效果，但更奇怪的事情发生了，链子在掉下去之前先升到了空中！一个奇怪的喷泉效果。

我爱物理谜题：奇怪的事情发生了而我无法解释。因此我跳到谷歌搜索回答。令人惊讶的是我找不到任何涉及这个现象的内容（而我的谷歌搜索技巧十分卓越）。我得靠自己的大脑来解决问题了，这些年我都很少这么干了。

我真的应该能把这事搞明白的。那不过是力和向量和能量守恒之类的事。问题就是我算不出来。也许是太久不练了。

因此我决定把这个问题外包，就拍了个视频上传到了 YouTube。我的想法是，只要有足够多的人看到，总有人会最终在评论里写出一个有说服力的解释。但是，结果表明，YouTube 评论并没有这种功能。倒也不是说我什么都没学到，举例来说，我学到了我的实验是"伪造的"而且我的脸是"古怪的"。有点意思。

这段视频被新闻聚合网站 Reddit 选中，几天之内就达到了百万观看量。但是在那里和其他网站上的长长的讨论也没有结论。

要是能拍个慢动作就好了。我就能仔细观察这个过程，然后想明白怎么回事。不过，能拍慢镜头的相机很贵，我就发出了求助。一个叫"地球不插电"的 YouTube 频道邀请我用他们的设备拍摄，于是我们拍到了好些神奇的短片。

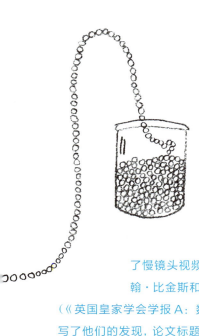

我一帧一帧地研究视频，最后终于发现：慢动作播放没有帮助。

看来我是搞不明白了，直到两个剑桥大学的物理学家联系了我。他们看了慢镜头视频，难以自拔地投身其中。约翰·比金斯和马克·华纳为一家科学期刊（《英国皇家学会学报 Ａ：数学、物理和工程科学》）撰写了他们的发现，论文标题是"理解链条喷泉"。

这篇论文甚至在参考文献里引用了我的名字，对此我无比自豪。

●   ●

答案是？

比金斯和华纳考虑了链子的灵活性及其对链子动力的影响。他们观察到链子是很灵活的，但是如果你要把它弯曲到超过某个角度就不行了；它会变硬。你可以自己试试。拉过一根办公室窗帘链（或者浴缸塞子或狗牌上那种）然后捏紧，你会发现它能绕成一个很小很紧的环但不能更紧了，就像本页右上角那样。

这种链条的动力学非常复杂，很难用数学建模。但我要在这里告诉你一个关于物理学家的秘密：当真实世界过于复杂时，物理学家就假装它并不复杂！你也许记得在学校里学过的钟摆：真实钟摆极为复杂，但是如果你假装空气阻力不存在，摆线没有重量，后面的算术会容易得多。所有物理学都这样。真实世界过于复杂，因此我们想象它没那么复杂然后我们把事情搞明白以使世界更复杂。

你可以用一个更简单的链条来近似地给珠链的行动建立模型：这个模型里的链条是灵活连接的刚性小节，本质上就是小长条组成的链条。

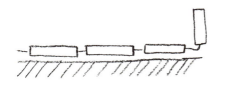

现在我们来考虑一下把这个东西的一头从罐子里拉出来会怎样。让我们特别留意其中两个长条：被拉出来并且在运动的那个；以及它后面跟着的那个，虽然没在动但是很快就要轮到它被拉出来了。

后面那个长条会受到右边来的一个向上的力。这个力是偏中心的，这意味着它最后开始运动的时候不仅仅是升起来，还会绕着质量中心旋转，如下图示。

图 1：即将运动

图 2：运动中

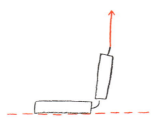

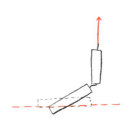

注意在右图中，小长条有一部分比它开始的位置要低。大多数情况下这一位移是不允许的，因为它正位于什么东西的上面，底下要么是链条的其他部分，要么是罐子底。无论哪种情况，都有东西阻止链条的左端下降。艾萨克·牛顿爵士告诉我们，每个动作都会产生一个大小相等方向相反的作用力。因此无论底下有什么，这个链条会往上推一下。

这是个奇怪的结论，它说链条升上罐子外面是因为它被推了一下。被罐子！

我们现在能确定这就是正确的解释吗？不，还不能。但是这也没啥好难过的。这只是科学知识的本质。一个好的科学家从不会对任何事感到确信。我们能拥有的只是当下最好的理论。

那么，什么是好的理论？

第零号规则：理论描述的是我们在世界上真实看到的东西，这显而易见。但不那么显而易见的规则是，理论应当是可验证的。它所做出的预测，应当是我们出去能找到的。我们管这个叫可证伪性。

比金斯和华纳描述的链条喷泉有一个预测是，链子落地距离越远，它会升得越高。这个我们可以验证！当 BBC 邀请我去"第一秀"讲那个珠子实验的时候，我有机会做这个测试。幸运之神在我们这边，在录节目那天，摄影棚外面正好有一个巨大的起重机。所以我们拿着罐子里 200 米长的链子，爬了 25 米高，想看

房间里的万象

看会发生什么。通常，当我把罐子正常拿在手里站在地上，运气好的话链子喷泉会比罐子高达 15 厘米。而在起重机顶上，我们的喷泉达到了 1.5 米！

整件事的高光时刻就是看马克·华纳在采访中谈到链子喷泉，并把这整个现象称为"莫尔德效应"！我不想自吹自擂，但是阿尔伯特·爱因斯坦都没有自己的爱因斯坦效应，人家还说他是史上最好的物理学家呢。[H1]

我以前曾经很担心有孩子，因为莫尔德[*]不是一个能轻松面对的姓氏。特别是在学校里，小孩子有时非常残酷。但是现在，既然全世界都在谈论莫尔德效应了……

H1／不完全正确。有爱因斯坦−德哈斯效应，展示了磁场、角动量和基本粒子自旋的关系。[S1]

S1／那主要是德哈斯效应。

[*] 译注／意为霉菌、腐殖土。

你被烟雾迷了 CD *

没有背景音乐的派对是不完整的。但是为什么止步于仅仅是有音乐呢？何不再来点背景科学？对于这种时刻，你需要找到你的 CD 收藏。

假如你太年轻以至于不知道什么是 CD：它们就像 MP3，不过是圆形闪亮的 MP3，最多能播 74 分钟。CD 的优点包括可以做杯垫。缺点是得为它们打造一些超小的架子，上面除了 CD 放不下任何别的东西。[H1]

显然，在一次科学派对上你不会用 CD 来放音乐的。又不是 2000 年代。随便下点音乐来放然后把这些 CD 变成实验材料！因为，CD 的形状和尺寸能用来做一个完美的环形涡炮，也就是烟圈生成器。

那么，快去搜罗一下你的可回收垃圾桶，找出以下东西：

一个旧卫生纸卷筒，作为你的环形涡炮主体。

当地比萨店广告纸。你可能需要把几张粘在一起以确保硬度。运气好的话，这个过程已经在你的可回收垃圾桶底部自行完成了。

下一步，把广告纸中间切一个和厕纸卷筒一样大的洞，把厕纸筒往广告纸洞里塞进几毫米，用胶布固定，确保没有空隙。这个结构能在卫生纸卷的一头固定住

* 译注／Platter 乐队的歌名《你被烟雾迷了眼》（*Smoke Get in Your Eyes*）。

H1／欢迎使用本书的这一部分向未来世代解释 CD 是什么，加上你自己的解释：事情是怎么走向绝望的，以及为什么再也没有北极熊了。

1

2

3

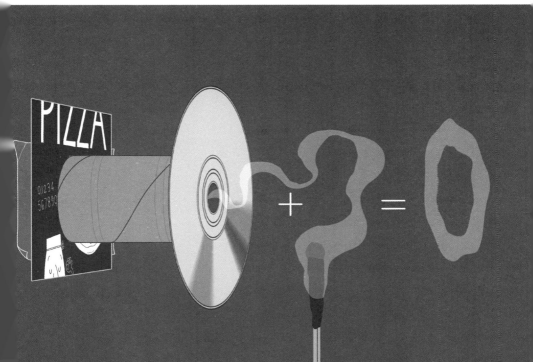

环形涡炮的后窗。

从食品包装袋上撕下一些薄软的塑料片。我喜欢
用附近素食店装藜麦沙拉和茴香胡桃乳蛋饼的盒子的
透明顶，但你可能想要用个不一样的中产阶级必购单
品来做环形涡炮的后窗。把它和比萨纸切成差不多大
然后用胶布粘在比萨纸上，再次注意不要留空隙。

最后，用胶布把一个 CD 贴在卷筒另一头，注意要
把洞完全对准圆心。最后一次，用更多的胶布确认你
已经封住了所有缝隙。

整个过程的说明图见上一页。

　●　　　　　　　　　　　　　　　　　　　●

准备……瞄准……冒烟！

一旦组装好手工环形涡炮，你需要填进去一些能
看得见的东西。

如果你手边没有烟雾机（虽然我对此表示惊讶，这
可是个科学派对啊），也有些别的选择可以制造派对烟
圈。找一个"烟火柴"，就是管道工检查煤气管道泄漏
的那种。这种火柴能燃烧大约 20 秒，产生大量的烟雾。
为了物尽其用，拿环形涡炮的 CD 那头朝下，把洞对准
燃烧的火柴，在熄灭前收集尽量多的烟。烧香也可以
但是时间会长得多，而且会让你的房间闻起来像休学
去过间隔年的学生卧室。熄灭的蜡烛也能给你一小股
烟。更快的替代方案是找个抽电子烟的人。

如果你派对音轨正合主旨还有加分："冒烟"罗宾
逊加 2 分，深紫乐队的"水上烟"加 5 分，如果你放碧

H1／并没有加分。对不起。

昂斯的"套上指环"加 10 分。[H1]

充完烟以后，轻敲塑料窗，就会从 CD 孔里飘出精致的圆形烟圈。

●   ●

H2／哦！演奏曲目又添一曲。谢谢，Dead Or Alive！（译注／这是 Dead or Alive 乐队的 *You Spin Me Round* 里的一句歌词，本书有大量小标题是稍微变形的流行曲名）。

H3／在物理学家或环形涡炮看来，空气是一种流体。

把我朝右转，宝贝，朝右转 [H2]

厕纸筒的内部和 CD 孔的比例刚好能让一个空气圈转着圈圈飞过房间——也就是一个环形涡。做一个环形涡炮其实没那么难。实际上你让任何流体 [H3] 经过一个小圆孔都会产生一个环形涡，无论是手工自制烟圈发生器，电站烟囱的蒸汽，还是海豚在水里玩儿吐出的甜甜圈形泡泡涡环。

在经过孔洞时，走得快的带烟空气因为和 CD 的内边缘相互作用而得到了一点"助力"，它（以及孔外缓慢流动的空气的阻力）有助于让这股空气又往回转。

持续不散冒烟的炮

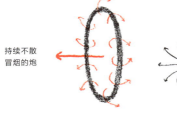

好处是这个甜甜圈状的东西非常稳定。一旦生成，旋转的空气的角动量，加上环内部移动较快的空气的低压和外圈较高压力对上，意味着它们基本上就会一

直保持这样，直到撞到什么东西。或者最后因为空对空的摩擦作用把自己转完了。

一个小烟圈大概可以飞 1 米远。通过练习，或者把室内空气扰动减到最低，还能让它走得更远。比如说，让每个人都躺在地上玩一个末世游戏叫"死掉的北极熊"。这才是烟圈派对的真开场！ S1

S1／这些烟圈很……小，客气地说。如果你跟我一样要浮夸地活，可以在花园垃圾桶的底部挖个圆形的洞，然后用一大片垃圾箱袋子代替桶盖，用胶带封好，用力抽打垃圾袋把空气从挖的孔里推出去，来做一个巨型烟圈吧！不过你可能想要投资购买一个制烟器，不然你要拿着那几根香慢慢充的话，就只好假装明早9点没有课了。

垃圾桶火龙卷

火很危险。龙卷风也是。你知道什么比这两者更危险吗？火龙卷。但想要自己造一个而不把房子烧掉或让自己受伤是可能的。下次花园派对的时候可以一试。

卡片

你需要

金属网格废纸篓

茶杯蜡烛

打火机油

烧烤打火器

一个旋转台，比如：

餐桌转台，或者唱片播放器

灭火器（二氧化碳或粉末灭火器）

去室外。我希望你在花园里而不是在房子里做这个。

第 2 步

把转盘放在一个平整稳定的表面上

第 3 步

把茶杯蜡烛里的蜡烛拿走，只留下它外面的金属小杯。它能用来盛放燃油。

第 4 步

在小蜡烛杯里放少量打火机油，不要超过 1 毫米深。

第 5 步

把小蜡烛杯放在网状垃圾桶中心，再把垃圾桶放在你的转盘中心。

第 6 步

在你点燃任何东西之前，先保证每样东西都对齐，这很重要。缓慢旋转一下底下的托盘，调整到确保垃圾桶和小蜡烛杯都在中心位置。

第 7 步

用你的长款烧烤点火棒点燃小蜡烛杯里的打火机油，然后轻柔地旋转转盘。几秒之后，垃圾桶中央的小火苗就会变成一个螺旋上升的火龙卷！棒极了！

什么？！

点燃火焰会造成它上方产生强烈的气流。因为在火焰上方的空气变热膨胀，密度变小并上升了，周围的空气被拉过来取代了它。在我们的装置里，被拖过来的空气必须经过垃圾桶的网眼。

当垃圾桶在旋转时，空气进入时就被角动量推了一下子，它冲向垃圾桶中央的时候也带着这个角动量并被上升的热空气吸过去。你可以把角动量视作衡量一个有质量物体围绕某物旋转的程度，物体的质量越大，它的角动量就越大；它围绕旋转中心（在我们的装置里就是垃圾桶的中心）转得越快，它的角动量就越大；最后，它离旋转中心越远，它的角动量就越大。因此计算角动量可以把这三个数字相乘（质量、速度 [S1]以及距离中心的远近）。

这里要说到一个物理学规律：你刚刚用质量、速度和距离相乘算出来的数字，它是不会变的！你可以改变这个式子里的一些组成部分，但是再乘起来的时候一定还是会得到同一个结果。这被称为角动量守恒。这里的意思是，比如说，假如该物体到中心的距离下降了，那剩下两个值就会上升来补偿。

这就是在我们的垃圾桶里发生的事。因为中心的空气在上升，所以距离中心的距离在下降，速度就上升了。等它到达了中心时速度会极大地增加，结果就是一个高速旋转的炽烈火龙卷。

S1／技术上来说是垂直于半径矢量的速度分量。我是说角动量其实是个矢量所以我全都简化了！

她用科学让我双盲 *

科学书应该有教育性。

所以，注意力集中！

如果你需要一些药理学上的帮助，可以尝试喝一点含咖啡因的饮料。

研究一再表明咖啡因能够减少反应时间，降低疲劳度，集中注意力和……呃啊啊还有很多但我已经没兴趣了……哦！那边屋顶上有个鸽子！等下，我去喝杯咖啡。

＊译注／《她用科学使我目盲》 *She double-blind me with science* 是英国音乐人托马斯·杜比于20世纪80年代发行的一首歌曲。

咖啡休息时间

请勾选你目前的状态

☐ **含咖啡因**

☐ **去咖啡因**

好，我回来了！说到哪了？

对，咖啡因。帮助人们从早上6点就开始像个人样。

但你为什么要用大量医学研究用词来看它呢？何不用你下一次的科学范儿社交聚会来测试呢？

比嗑药便宜多了。 H1

H1／虽然技术上来说咖啡因也算精神类药物。

房间里的万象

所以是时候打开你在学校里学的那些旧实验技能，在志愿的人类被试身上搞个双盲实验了。

重要事项：虽然很多人每天都喝咖啡，但咖啡是一种兴奋剂，它会以明显且意想不到的方式影响人。指南上的建议是，大多数健康的成年人每天摄入 400 毫克左右的咖啡因看起来是安全的，这大约相当于四杯煮好的咖啡、十罐可乐，或者两瓶能量饮料。比你一次能喝的量多多了，如果你选择做这个实验的话。

另一个重要事项：绝对不要用那种伏特加兑能量饮料的鸡尾酒来做这个实验。你要做的是双盲测试，不是双盲醉汉。

现在大家都知道了，让我们回到实验报告上来。

双盲实验的目的是消除偏见。确保每个参加实验的人都不知道有谁摄入了有效成分，你就降低了人们以各种方式影响结果的概率。这适用于所有实验的参与者和实验的管理者。随机控制试验被严格地用来测试新药和疗法，被认为是评估医药试验效果的金标准。

要给你的受试者咖啡因，效果最显著的就是咖啡。其他选择还包括咖啡因含片、可乐和能量饮料，但它们都不能让你的实验带上最炫咖啡吧风。

在准备实验的时候，你需要找你的家庭实验室技术员[H1]摆开一排杯子，上面有复杂的编码，并在每个里面倒上含咖啡因的咖啡或者去除咖啡因的咖啡。这些饮品应该在各个方面看起来尽可能地相似，除了上面的编码以外没有可以识别的特征。只有技术员才知道每个杯子里面有什么，而他们不会参加或执行测试。

现在测试开始：友好的实验室技术员已经随机给每个被试派对来宾分配了其中一个杯子上的代码。每个宾客需要找到杯子上写着他们分到的编号的那杯饮料，以同样的速度在差不多的时间内喝完。一首传统的饮酒歌此时可能很有用。不要放"墙上还有99瓶酒"（这首歌的歌词大意是："墙上有99瓶酒，拿下一瓶众人传，墙上还有98瓶酒；墙上有98瓶酒，拿下一瓶众人传，墙上还有97瓶酒……"），唱一首更有野心的吧："墙上还有无限瓶酒"，后面歌词都一样，这首歌永远也不会结束。你的技术员会用经典结束语宣告结束："求求你了，拜托，看在对世间美好的爱的份上，请别再唱了。"

等到咖啡因的作用出现了，[H4]经典的比较反应时长的方法是找到一根长棍子，垂直拿住，然后松手。

最好是提前找一个受试者在边上伸出手，在棍子掉落的时候试着抓住它，不过假如把一根长棍子反复掉地上本身就足够好玩了，你也许就不需要咖啡因或者随机控制实验就能过上一段美妙时光。

给每一个参与者都玩一下接棒子，测量他们抓住棒子的时候棒子掉下去多长了。棒子掉落的距离越短，

H1／没有家用实验室技术员的话，把你最科学咖的朋友抓出来，让他们去管准备工作。[H2]

H2／如果你四处张望谁是你周围最科学的家伙，那很有可能就是你。[H3]

H3／如果你已经做了一个电子表格记录你社交圈里最科学咖的人，那么就是你。

H4／或没有出现，取决于你被随机分配到了哪个组……

反应时间就越短。没准你想重复测试几次，然后过了
10 分钟再来一次，如果派对气氛萎靡的话（因为你所
有的 CD 都变成了环形涡炮而且你的垃圾桶正在花园
里燃烧）。[H1]

H1／见第192页和193页。

把每个人抓到棒子的平均长度记录在一张表上，
用下面的换算表把长度换算成反应时长。然后找你的
技术员来揭晓每个编码代表的咖啡因含量。如果你觉
得特别有搞科学的心情，就把结果放在一张图表里，咖
啡因水平放在一行里，对应的反应时长放在它上面。

长度 – 反应时间换算表

抓住的长度 （厘米）	反应时间 （毫秒）	抓住的长度 （厘米）	反应时间 （毫秒）
1	45	16	181
2	64	17	186
3	78	18	192
4	90	19	197
5	101	20	202
6	111	21	207
7	120	22	212
8	128	23	217
9	136	24	221
10	143	25	226
11	150	26	230
12	156	27	235
13	163	28	239
14	169	29	243
15	175	30	247

如果你科学搞得还挺成功，你的结果会显示出咖啡因缩短了反应时长。也可能不会。这很难说，如果不能肯定，都怪技术员。

幸运的是，已经有很多研究展示出了当人们摄入咖啡因之后会发生什么。人们认为在任何给定的任务中，刺激水平和任务表现的曲线都是驼峰形的：受试者在咖啡因影响不足的时候会表现不佳，但摄入过量时也会。最好的状态是在中间的某处。

不幸的是，如果你是一个习惯饮用咖啡的人，你可能需要喝平时的两倍剂量才能看到明显效果。过多摄入咖啡因会和心律不齐、恶心、失眠有关，你也许不想在这个家庭实验中挑战极限。所以想要增强效果的话，何不试着提前一两周戒掉咖啡呢？噢，对，我知道为什么不能……

"咖啊啊啊啡……"

还有别的办法吗？

看起来咖啡因并非唯一能改进注意力的方法。家庭派对厕所门口排的长队也许有类似的效果——2011 年，图克、特兰珀和沃洛普发表了一篇研究论文：《抑制溢出：对尿急的感知会导致无关领域的脉冲控制增加》。原来，需要放水或许能帮你在给定任务上集中注意力。

一个 2007 年的 BBC 纪录片声称，保守党领导人

房间里的万象

大卫·卡梅隆在当年的托利党会议上，在一次长达 1 小时的演说中应用了这一技术。在他"特地避免去上厕所"之后发表的这次演说被视为一次胜利，3 年之后他被选为首相。希望他在那之前有机会去厕所了。

2011 年的研究支持了这些说法，但也发现这类方法的局限性。就像咖啡因曲线一样，如果你超出了某个"临界点"，你的注意力也会变差。考虑到你喝的咖啡还有利尿的特性，你可能会发现自己比原以为的更快抵达这些个曲线的顶端。现在请原谅我要去个厕所……

科学鸡尾酒

体现派对精神！我说的精神，没错，我就是说酒精——和一堆科学饮料。

只限于对自己和他人负责的成年人！

不负责任的成年人可以坐在角落里吸黑加仑汁并目睹负责任的成年人把自己变成傻瓜。

金（光）汤力

金汤力是很多科学家下班后喜欢的饮料，不仅是因为金酒含有复杂的植物成分，也因为它在紫外光下会发出诡异的蓝光。

你可能偶尔见过：在夜店喝经典金汤力，或者你在礼拜五午餐时间在超市结账的队伍里被抓到喝"母亲的毁灭"*，它会发出验钞时的那种小小的蓝光。

*译注／一种金酒。

其实并不是金酒在发光，而是汤力水。给饮料带来苦味的奎宁水会发出荧光。紫外光的波长在可见光蓝色末端之外，人类的视觉系统是看不见的。这是蜜蜂能做而我们做不到的事情之一，但他们的小脚丫可抓不住酒杯。

说回汤力水。当"看不见"的紫外光碰到了奎宁水中的分子，它会被吸收然后重新释放出来。但是被重新射出的光的波长会比起初的紫外光稍微长一点——于是它就变成了一种可见的蓝光，从玻璃杯里透出来。

奎宁，或者它的来源金鸡纳树，从 17 世纪之后就被用于治疗和预防疟疾。如果你觉得一两杯金汤力能在下一次度假时帮你抵挡疾病，请注意：标准汤力水中的有效成分含量太低，你得一天喝 25 升才行。作为预防手段有点棒啊。

●   ●

25cl 金酒和汤力水
仅作医疗用途
每日 100 份
会有副作用

随波逐流

在你的鸡尾酒里来点儿对流怎么样？你需要一些醇厚的利口酒比如甘露咖啡酒和一些鲜奶油。

你喝它的容器是晚餐盘。

把利口酒倒在盘子里大约几毫米深，然后小心地用调羹把奶油舀上去。如果你手边有移液管就更好了。

你应该能看到一些小小的"房间"在形成：利口酒被奶油泡包裹起来。

仔细看这些奶油泡，你会发现它们在旋转。

你看到的现象就是对流，但是和你平时习惯的那种不太一样。

如果你在炉子上放一锅水，底下的水被加热后膨胀，密度降低然后升上来。然后它会接触到空气并冷却，然后密度升高体积降低又回到底部，这个循环会持续。

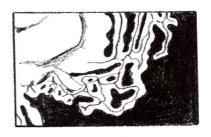

鸡尾酒对流则不同。它是一种溶质对流。甘露酒的酒精在液体表面蒸发后，液体的密度变大并下沉。然后酒精度更高的甘露酒会跑到上面来，然后蒸发，然后下沉，于是循环持续。其实事情还要复杂一些，涉及奶油和表面张力，但那就"超出本书的范围了"，专家说。就把这玩意儿喝了吧，好吗。

房间里的万象

草莓DNA酒

抓牢！生命之钥！遗传的掌控者！它是DNA，但它可以喝！

你可能在科学展览上见过，或者看过一个在线视频，教你怎么用洗洁精、盐、酶和酒精，从你的颊上皮细胞里提取DNA的。唔……那种鸡尾酒听起来……好喝吗……？

别担心，这里有个可以吃的版本！一批聪明的旧金山生物黑客搞了一个配方，可以提取肉眼可见的DNA链，而且放在马丁尼杯子里还很好喝。

我对其进行了符合英国人口味的改造。稍微有点复杂，但是并不比普通鸡尾酒更复杂，而且结果在科学上可令人满意得多了。

首先，弄一个塑料自封袋，放一些冷冻草莓和菠萝汁进去。轻轻用手挤压直到它不剩什么块块，变得很平滑。冷冻很重要——它能打碎草莓里的细胞壁。这使菠萝汁里的酶能够钻进草莓的细胞，打开细胞核找出DNA。手势轻一点也很重要：不能用电动搅拌机。你想要打破细胞壁而不损坏里面的DNA，这个过程技术上称为"裂解"。

如果想的话，你也可以在这个鸡尾酒配方里选择其他水果。猕猴桃和香蕉都是好选择，因为它们都是多倍体：它们在每个细胞里有多于2套染色体。一般香蕉有3个，猕猴桃有6个。但是当你只是用可食用配方来提取DNA的时候，一开始就需要尽可能多的DNA。草莓是专家之选，因为它有8套染色体。美味。

现在把你的整包水果糊丢进一碗大约50℃（122 ℉）的热水里。没有温度计？不用担心，比洗澡水烫一点但是不会烫疼手就行。用热水浴加热自封袋水果糊大约10分钟，然后放在冰水浴里10分钟。加温能让更多DNA从破碎的细胞里跑出来，但也可能跑太远了DNA自己开始分解。冰水浴可以延缓这个过程，所以你还能在下一个阶段看到点东西。

最后，用滤网把你的果子糊糊滤进玻璃杯的底部。沿着一个匙子背小心地在最上层导入一层冰冷的高度酒精。高度朗姆酒，或者其他高酒精含量并且清澈的酒都可以。因为草莓DNA在水一样的草莓果泥里溶解得比酒精里好，所以你会眼看着它们开始"沉淀"出来。你几乎立即会看到DNA链从水果那层跑出来，在清澈的酒精层中显形。

要完成这个世界上最科学味儿的鸡尾酒，加入一个牙签小伞，用它卷起一些DNA链条，从玻璃杯里捞出来。它可能看起来有点像鼻涕，但是不要就此被吓住了。等你感叹完了眼前这生命存在的最核心，再加点糖浆提升风味，举起你的杯子摇一摇混合好，一口闷。生命的奥秘真是宏伟，可不是吗？

H1／见76页。

是时候为 pH

再来一杯波特酒

如果你看了我第二章的约会之夜 H1 以后就想要试试各种家用产品的 pH 值，但手头上没有面条 —— 别担心，本章有一个可以喝的版本来拯救你。

甘蓝汁是一种很好的 pH 指示剂，但作为鸡尾酒原材料太可怕了。其实还是有很多好喝的东西也能做到同样的事。波特酒和黑加仑汁都含有甘蓝同款化学成分：花青素。这就是当暴露于碱性物质比如小苏打的时候，把你的酒变成蓝紫色的东西，然后酸性物质比如柠檬汁会把它变红。

如果你想让两个试验合二为一，可以把汤力水的紫外荧光和 pH 指示金酒混一块儿。你得去找一些特定的金酒品种，里面含有豌豆花，这又是种花青素的自然来源。它在瓶子里是明快的蓝色，等你倒入微酸的汤力水就会变红。魔法！S1

懒懒熔岩灯

一边喝酒一边搞科学不总是件好事，所以我们最后来点不含酒精的鸡尾酒。而且它完全不能喝。但是看起来特别科学。

通过叠分层液体来做个自制熔岩灯，就能重建 20 世纪 70 年代鸡尾酒吧那种优雅氛围。妙极了，宝贝！

这种"高度实验性鸡尾酒"——也就是说，不适合人类服用——在使用两种密度完全不同的液体时效果最好。在品脱杯里倒入半杯高密度的超甜黑加仑浓缩汁，在它上面再倒上 10 厘米低密度的菜油，这样你就有了颜色和密度都不一样的两个区。

一旦分层完毕，加入一颗打碎的可溶维生素 C 片，就能开启熔岩灯效果。当大块维生素片沉下去，它们会和底下的水产生反应，形成二氧化碳气体。这些小气泡在杯底的药片碎块四周形成，合并成更大的气泡，直到从果汁里升起。当它们一路冒进油层时，还拖着小小的药片碎屑和红色果汁的小河。在液体表面，这些气泡破裂了，然后小碎片又带着油沉下去，杯中于是出现了打滚冒泡的火山。

而且如果你用了很浓的黑加仑汁，里头都是早先时候说过的可爱的花青素，你可能还会看到它变色。

一些二氧化碳会被水吸收，把它变得更酸并降低了 pH 值。科学买一送一！

不过，还是不能喝。就算里面有维 C 也不行。

宇宙之类

6

UNIVERSE
STUFF

和大多数科学咖一样，我们也对自己住着的太阳系和系外的一切十分着迷。从眺望星空到引力波，在这几页里，我们挑出了自己最喜欢的宇宙角落^{H1}呈现给你，让你躺在扶手椅上就能展开星际旅行。

我们会在地球上观望宇宙空间，也会从空间里观望地球。还会沿着隐藏在热力学法则里的时间洪流，尝试预测万事万物的命运。

但首先，让我们坐火箭去近地轨道，在这个好位置探索数学的新世界。

10 秒翻页准备，5……4……3……2……1。

H1／这相当有挑战性，因为宇宙不断膨胀的曲面无疑缺乏角落落这种东西。

房间里的万象

英国海岸线和
新数学的诞生

英国海岸线有多长？你当然不知道，但你可以谷歌。问题在于怎么得出一个大家都同意的答案。测量部说是 17820 公里。但是 CIA（他们显然对这类问题也有兴趣）说是 12429 公里。谁是对的呢？

让我们做点自己的测量看看。这里是苏格兰海岸线的一部分。为了你方便起见，我放下了一堆巨型尺子，每个都有 10 公里长。

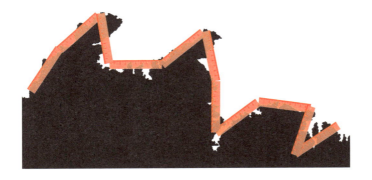

你需要做的只是数一数尺子的数量，在这个图里一共 11 把，那就是 110 公里。你也许会觉得巨型尺子太大了，他们没法填进那些小的凹陷处。那我们来用小一点的尺子。这次选一半长度吧，5 公里。

于是我们有了 30 个尺子，也就是 150 公里。这
比第一次测量多出了 40 公里呢！所以你用的尺子越小，

得到的结果就越大。问题来了？要得到正确答案需要
多小的尺子呢？多小的尺子才能覆盖所有那些沟沟缝
缝？这真的是个问题，因为沟沟缝缝多小都有，可以小
到原子尺度上。

你可以想象一下把尺子越做越小，但是它总是会
忽略掉一些更小的沟沟缝缝。直到你做了一个分子大
小的尺子，可那要怎么数数量呢？

数学家贝努瓦·B.曼德尔布罗特[S1]对海岸线测量
问题产生了兴趣，决定用数学方法来试试。

怎样构建一条完美的数学海岸线？让
我们从直线开始。

这不太符合自然海岸线的造型，因为自
然的海岸线有很多沟缝和突起的疙疙瘩瘩。
让我们给海岸线加个小疙瘩。

S1／这里的B是指贝努
瓦·B.[S2]曼德尔布罗特。
S2／这里的B是指贝努
瓦·B.[S1]曼德尔布罗特。

看起来好点了。但还是不太对。放大我们的疙瘩海岸线，里面还是短一点的直海岸线。但是真实世界的海岸线在各个尺度上都有小疙瘩，所以让我们给这些直线再加点小小疙瘩。

于是我们有了更多的短直线。让我们继续在直线上加小疙瘩。如果我们就这么永远加下去会怎样？会得到类似这么个东西：

这个东西叫科赫雪花，但它做海岸线也很称职，就是有点儿对称。

你可能注意到了这个海岸线是"自相似"的。

一个西兰花上的小头看起来就像一整个微型西兰花，你也会发现科赫雪花的片段看起来就像缩小版的科赫雪花。我们可以利用这种自相似性。

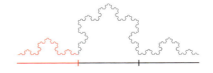

注意图中红色片段看起来就像缩小的完整版。如果你拿一个尺子去量一下，就会发现完整版的宽度是它的 3 倍，因此也就是比红色部分长 3 倍。

但还有一种方法：

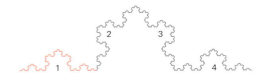

看这整幅图其实就是和红色片段一模一样的 4 段组成。因此整体的长度是红色部分的 4 倍。

　　我们解决这个问题的方法不同，整个海岸线的长度有可能是红色部分的 3 倍或者 4 倍！

　　换句话说，3=4。

　　如果你算出这种答案，通常意味着哪里算错了。但是在极为罕见的情况下它意味着你发明了一个数学新分支，所以我们来瞧瞧能不能解答这个谜题。

　　首先：我们不是真的认为 3=4，我们只是说当你把红色部分乘以 3 的时候，答案和拿它乘以 4 相同。

　　只有一种海岸线长度能让这个等式正确：0 公里。（3 × 0 公里 =0 公里，4 × 0 公里 =0 公里）。所以我们可以得出最终结论说我们的数学海岸线 ——以及拓展到英国的海岸线 ——是 0 公里长。只是有个问题，我明明去过那个海岸线，它肯定要比这个数字长。

　　还有一个解，但它也不是传统意义上的合适长度。它甚至不是一个数。我当然是在说无穷大。把无限乘以任何东西都能得到无限。所以它也符合标准，但是这结论保守地说也是有点离奇。严谨一点说，你其实证明了科赫雪花是无限长的。这不太适宜类比到英国海岸线，因为海岸线的疙疙瘩瘩最终会止步于原子尺度。但这告诉我们测量一个国家的海岸线是个没啥意思的工作。不存在一个有意义的正确解。

　　曼德布洛特把这些自相似的几何图形研究规范化为数学的一个新分支，称为分形，这个领域里出现了许多很漂亮的图片如下：

216

这还带来了用于描述这些几何图形的语言。当我

们说不清楚英国海岸线有多长的时候，我们可以数学地描述它的小疙瘩了。在某种意义上，这些古怪的东西是"非整数维度"的。一根线条是一维的，一个面是二维的，而科赫雪花是 1.26 维的。它在一根线和一个面之间某个地方。多古怪！于是你知道了，英国的海岸线大约是 1.2 维的。

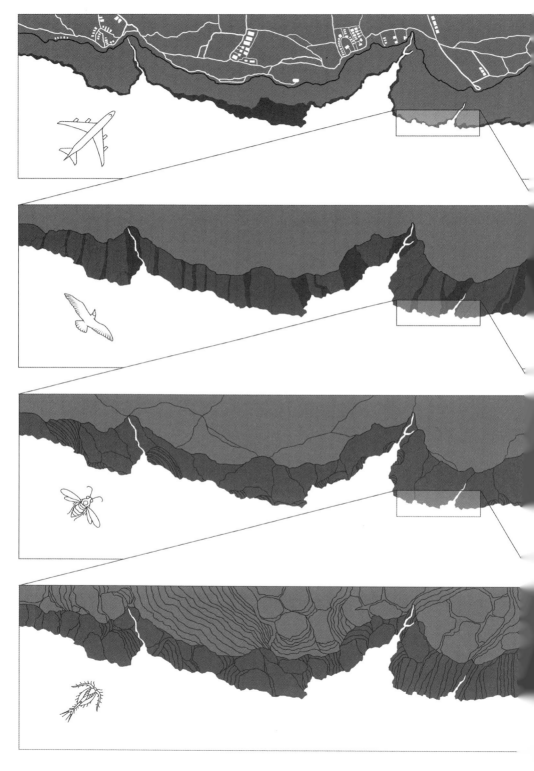

深夜思想实验

你有没有想过在宇宙空间里飞行？

好吧其实你正在这么做，就现在。

就在你躺在宜家床垫上读着这本书，舒舒服服地蜷着准备睡觉的时候，地球正在绕自身的轴旋转 23 小时 56 分钟 4.1 秒。如果你幸运地正好躺在一个位于赤道的床上，那就意味着你每小时飞行 1000 英里（约 1609 公里）。离两个极点越近，速度就越低，就好像在热带马达加斯加，或者古代秘鲁，或者……苏格兰。随你喜欢哪儿。

当然，你的速度都是相对于一个固定点的，那就是地球的中心。

就在你窝进被子里，逃避脑内不断冒出来的存在主义危机泡泡时，又面对了一个新问题：地球的中心真的是一个固定点吗？

地球环绕太阳的轨道几乎是一个完美的圆形，因此这个"固定"点几乎以 67 000 英里／小时（107 826 公里／小时）的速度移动，上下误差个几千英里。

现在，把你睁大了的眼睛转向窗外。你大概横竖会这么干，反正今晚睡不着了。让双眼适应一下夜空

那拷问灵魂的黑。如果没有月亮而且你正在远离城市光污染的地方，花 15~20 分钟你就能实现一种完全形而上学的无聊状态。——我是说，就能看到银河了，它是贯穿寰宇的一条星带，也是我们星系的一部分。它也在以自己的方式旋转。

把头放在软和的枕头上直挺挺地躺好，为我们小小地球在这巨大银河里的不重要性而动弹不得吧，我们在它旋臂上的位置，围绕着一个巨型中央星盘，速度是（令人麻木的）515 000 英里 / 小时（1 828 812 公里 / 小时），或者 200 公里 / 秒。比闪电还快上个两倍吧。

只要过上几小时，几天，或许是几星期，你在每个入睡时刻体验到的这种超越性的忧思终会消退。

恰是意识到银河运动的好时机：自从大爆炸以来就是如此。想想看你出现在这里这件事所具有的无与伦比的不可能性：在这个床上，在一块岩石之上，旋转着飞过宇宙空间，因为我们这头的一小块宇宙，从时空的黎明时刻开始就以 130 万英里 / 小时（约 209 公里 / 小时）的速度膨胀。现在再想想看上一页的你是多么天真，当时你还只是想去宇宙空间里小飞一下。

相对来说，你在睡觉的时候已经是个空间旅行者了。

晚安。

房间里的万象

我们得谈谈熵

你也许听说过熵是用来衡量无序性的。某物越无序，它的熵越高。你可能也听过熵始终在增加，因此宇宙的无序性也一直在增加。

这个定义很流行，因为它很好懂，而且在日常生活里很容易直观观察到——房间为什么那么难以保持整洁？因为你在和整个宇宙趋向无序的总体趋势作斗争。

但我不太喜欢这个定义，因为我觉得它无助于理解什么是熵。所以我要和你们分享一个高级得多的定义，回溯到熵这个概念一开始被发明出来的原因，以及关于宇宙的命运它能告诉我们些什么。

在工业革命期间，人们特别痴迷于燃机的效率。一系列数学语言被开发出来，用系统化的方式探索这个难题，熵这个概念正是在这种环境下诞生的。

一个简单的燃机就是你把燃料放进去，它燃烧产生热能。这种热能会转化为动能。这种类型被称为内燃机，但并不是只有这一种，我用来说明熵的概念的那种就是另一种外燃机，名叫斯特林发动机。

斯特林发动机循环

　　10 腔室内部的空气接触到热底端[S1]，温度上升膨胀，推动活塞转动飞轮。

　　20 飞轮连着腔内的置换器，所以它转动时推动置换器下移。

　　30 腔内空气于是接触到了冷端。

　　40 腔内空气被冷却，体积减小。这拉动活塞，让飞轮继续转动。

　　50 转动的飞轮把置换器拉回，于是腔内空气再次接触到热端。

　　60 回到 10。

S1／热底端，是你让这个滚轮跑起来（译注／这句话把 皇后乐队 的 *Fat bottom Girls* 歌词：Fat bottom Girls you make the rockin' world go round 改了几个词）。

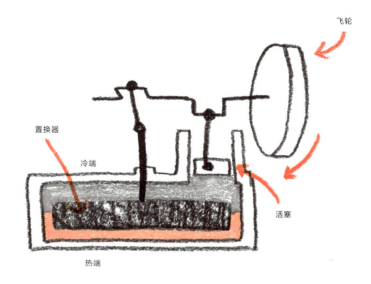

飞轮

置换器

冷端

活塞

热端

房间里的万象

斯特林发动机与熵

斯特林发动机运行的关健不仅是要把它加热，而是在两端之间有温差。你甚至可以让一个斯特林发动机的一端在冰上，另一端在室温下（或者其实任何温度下，只要不是同样温度就行）跑起来。它被叫作外燃机的原因是你可以在燃机外部加热其中一端。

这和熵有什么关系呢？想象你有两块金属板，一块冷一块热。当你把它们压在一起，从经验你知道热量会从热的那块跑到冷的那块熵，直到两者的温度相同，此时不会发生别的事。没有外来干预的话，就这么结了。我们从未见过相反的过程——如果两个东西温度相同，我们不会发现一个东西自发从另一个那里偷走热量。

现在让我们来想象一下拿这两块板来驱动斯特林发动机。把冷板放在顶端，热板放在底端。

一开始，热能都集中在热板上。然后热能通过让这个发动机动起来，从热板跑去冷板了！但是一旦热能均衡分布在这两块板上，温度相同，发动机就停了。

今天的课后小结：

- 能量只有聚集一起的时候才有用。
- 用这些能量去干点啥有用的事，它们就散逸跑掉了。
- 一旦它们跑掉了，你就用不上它们了。

所以，工业革命时期的工程师和数学家提出了这个概念：

　　熵：用来衡量你的能量的散逸程度。

　　因此说熵始终在增加，就是说能量一直在持续散逸。 S1

我们不可避免的消亡

　　把这个观点外推一下，我们最终会看到世界末日的景象。最终会抵达某个时刻，所有的能量都散逸了，发动机们停止工作，包括我们身体的发动机。

　　这不全是坏消息。幸运的是，对我们地球人来说，还有大量聚集在一起的能量资源没有用完。比如煤、石油和天然气。我们燃烧这些燃料驱动发动机，并把能量散出去。一旦这个结果出现，就是说我们没东西用了。这些不是可重复利用的东西。幸运的是我们还有一个巨大的能量来源可以随便用：太阳。一旦化石能源用完，我们可以继续用太阳能板驱动我们的发动机。倒也不是只有太阳能板，水力、风力和生物燃料说到底都是来自太阳的能量。 S2

　　并不是说我们打太阳主意之前应该把化石能源全用完。正相反，我们应该尽快转向基于太阳的能量。我就不用再说燃烧化石能源有那么一两个不幸的副作用了。

　　但即使是太阳的能量也终会消散，还有宇宙里所有的能量都一样。当宇宙的所有能量都终于均匀分布，再也不会发生什么有趣的事了。这被称为宇宙的热寂，

S1／把能量聚在一起是可能的，代价是能量从别处散逸。我们的小型斯特林发动机就是个很好的例子，因为它是可逆的：如果你手动转动轮子，它会把热能从一端"泵"到另一端，在一端把能量积累起来。但转动这个轮子需要你用肌肉，而它生产的热能就从你身体散逸了出去。

S2／水力利用的是水从高处落下的动能，但水会跑到山上去是因为海洋的蒸发，这个过程的能量来自太阳。风从高压地区吹向低压地区，也是来自太阳。而生物燃料则是植物通过光合作用，把太阳的能量锁在了化学键里。

224

是我们现在对宇宙如何终结的最好猜测。不过在接下去的1亿兆兆兆兆年里都不会发生，所以你可以放宽心。

●   ●

为什么熵始终在增加？

简单来说是熵增加的可能性更大所以我们看到它总是在增加！但它为什么更可能增加呢？

想象一个盒子里有很多海洋球，就是你在游乐场里看到的那种。这些球的数量正好铺满一层。里面有两种颜色，红色和黑色，经过了仔细排列，所以红色在一边，黑色在另一边。

想象把盖子合上，使劲晃几下盒子。当你再次打开盒子看的时候，你觉得球会怎样排列？看到两个颜色混在一起并不会让你感到奇怪。要是它们还像一开始那样好好排着才奇怪。

这是因为你对熵增有一种直观的理解：一堆杂乱的球并不会自发排成分好的组。你的直觉无疑是来自经验，但这背后其实还有统计学的解释。一个盒子里的一堆海洋球的所有排列方法当中，有许多看起来都是杂乱无序的。但只有少数集中看起来是有序的。所以我们预期会看到一个杂乱的状态，因为这个可能性更大。熵作为衡量无序性的概念就是来自这里。要让球排整齐需要付出努力，要让房子保持整齐也需要努力。但是，真的，这盒子球类比了原子层面发生的事。这也是屁为何会在房间里散开，搅拌茶里的牛奶让液体混在一起。为什么你见不到相反的情况：牛奶从不会受搅而凝聚，屁也不会重聚在你的菊花。

存在一个非常渺茫的概率，海洋球会在摇晃之后排列成有序的状态，但可能性会随着球的数量增加而降低。对原子和分子来说也一样，而当你在处理屁这么大的事时，出现自发秩序的概率就是天文数字那么低了。

就我们目前所知，统治宇宙的物理规律们反之亦然。比如说，如果你能拍摄亚原子粒子的互动，然后倒放影片给朋友看的话，你的朋友不会知道你是正着放还是倒着放的。只有当你把画面拉远然后看到许多粒子互相作用，你才能识别出时间的方向。只有当相互作用足够多的时候，你才能在统计学上考虑它们，从中辨别出清晰的过去和未来。事实上我们随着时间流逝而与之相联系的所有现象，都可以追溯到熵，以及它朝着上升方向不可阻挡地行进。所以在某种意义上，时间自身不过是应用统计学。

226

星际航行 建议

H1／也许。
H2／大概。

时间正在飞逝，有必要想想看：如果我们不能住在眼下这个唯一的已知地球 H1，这个宇宙间仅有的智慧生命的故乡 H2，还有什么选择？

请看：人类三个潜力新居的快捷指南。

Trappist-1e

类地目标第 1 名（2016 年开始）

评分：（5 颗星）　★★★★★

位置：宝瓶座

从地球出发的建议旅行用时：光速飞行 39 年

当地景点

1　比太阳暗 2000 倍的矮星，发出温柔的红光。

2　"潮汐锁定"——有一面始终对着太阳，可以在白昼和夜晚的任何时间补晒日光浴。

3　同一个太阳系里还有 6 个地球大小的行星，便于多目的地行程。

拜访理由

它比地球小一点，所以重力也可能比地球略小那么一点，让你一落地就能开始享受"轻"松无忧的假期感受。

评价

★★★★★

"2016 以来上佳之选"

我今年早些时候才知道的 Trppist-1e，但它已经是我的度假星球了。整个 Trappist 太阳系都能装进我们自己太阳的水星轨道里，所以如果你预算有限的话，当地交通成本还挺低。

科罗拉多之狼

★★★★⯪

"我在这里待了一整年，还想再待久一点"

因为轨道小，这个星球的一年相当于 6 个地球日。对这颗了不起的小岩石来说可不够长。因为一边面对太阳，另一边藏在阴影中，所以两者之间有一条甜美的界限，那里的温度恰适合液态水存在。永远徘徊在日夜之间的完美时刻，Trappist-1e 上始终都是鸡尾酒时光！

lgm83 *

*译注／lgm 是"小绿人"的缩写，流行文化中指类人外星生物。

一站式订购航班、酒店和低温恒温荚，立省

£ £ £ !

228

房间里的万象

Kepler-452b

类地目的地第 2 名（此前是第 1）

评分 ★★★★⯪

位置：天鹅座
从地球出发的建议旅行时间：光速航行 1400 年

当地景点

1　地理学家的梦想，这个"超级地球"满地都是活火山，你走到哪里都有爆炸。

2　平均气温与地球相近，很可能存在液态水（别忘记带泳装！）

3　轨道运行时间 385 天，真正宾至如归的感觉。

首要访问理由

2015 "最像地球的星球"奖冠军

评价

"值得花上 2600 万年去看一眼的地球 2.0"

不愧是人称"超级地球"的星球——它比地球大 60%，我们觉得它也比地球好 60%。适合全家旅行的目的地，或者至少适合到达时还活着的人。

nasa_TESS*

* 译注／TESS 是 NASA 于 2018 年发射的凌星系外行星巡天卫星）

"花许多年，逃离生活的小憩胜地"

或许有很多系外行星离地球更近、也有水的存在，但 Kepler–425b 自有其特殊魅力。也许是因为质量更大，它可以和失控的温室效应作斗争，让这个冷凉的小星球再多宜居 5 亿年。一定会再来！

JamesWebb[*]

*译注／NASA 在 2020 年发射的詹姆斯·韦伯太空望远镜。

PSO J318.5–22

类地目的地第 4298 名

评分：

位置：摩羯座

从地球出发的建议旅行时间：光速航行 75 年

当地景点

1　没有主星的流浪行星，夜生活 24 小时不间断。

2　熔化的铁和尘埃组成 800℃的云雾，大气氛围独一无二。

3　仅 2000 万年历史，冒险家的最热新目的地。

这个独特的世界和木星一样大，准备好探索一番！自从 2013 年被发现以来，它就成了一个完全远离尘嚣的完美之地。"完全"远离。

★ ★ ★ ★ ☆

"独一无二"

宇宙空间里漂浮着无数天体，但它们和地球的相似程度都不像 PSO J318.5-22 那样——就是完全不像。完全，不像。不过我们还是有一些相当美好的回忆，能在未来至少 2000 万年里陪伴我们。

P.S.，去之前在健身房不要跳过练腿的课。这个地方是地球的 2500 倍质量，每天脚步都很沉重。

叠筒 49

防辐射
也能美美哒！
提供衬铅
泳装租赁。

★ ★ ★ ☆ ☆

"想好好玩，带齐装备"

我和丈夫去 PSO J318.5-22 度了个小假。旅行手册上说要自备高科技生命支持系统，但这么说很不清楚。我们带的基础呼吸装置在接触大气层的时候就着火了。我老公起的热疹子可真壮观！这次旅行可真是扫兴，不过我觉得还是有些回家后可以跟朋友们谈起的东西，如果到那时候还有人活着的话。

系外 _xxx

眼下宇宙 *

这里是一些小贴士：怎样在室内舒舒服服地观察地球之外的空间。

●

* 译注／ *Space in your face* 是星系牛仔乐队20世纪90年代发行的一张专辑和同名单曲。

收听早期宇宙之声

是时候在家重制诺奖物理学了！首先，找出一个模拟电视。如果你家里找不到，到20世纪90年代试试。

打开它，抓点爆米花，坐视屏幕上跳动着黑白静电雪花。把一个调频收音机 H1 调到频道之间发出沙沙声也是一样的效果。这就是宇宙大爆炸的证据。在你听／看到的这些干扰中，大约有1%是宇宙初生之际留下的辐射的痕迹。

模拟电视和收音机对电磁"噪音"（它们的天线收集到的来自地球和宇宙的传输），以及它们内部电子元件的噪音都很敏感。如果没有被调到接受来自特定电台的强信号，这些垃圾垃圾的信息就会冒出来，其中一小部分正是大爆炸的证明。

宇宙微波背景辐射，或者叫CMB，就像是婴儿的第一张照片那样令人自豪。虽然这个婴儿是宇宙。嗷！

H1／这个东西，就像大多数当代的东西一样，有一个App替代品。你的智能机很可能安装了调频收音机芯片，虽然有可能没激活。最好去看一下，在末世来临的时候它会很有用。

232

房间里的万象

自从它降生以来，整个宇宙就在冷却和膨胀到广阔的空间中。CMB 是在 3 000℃的物质和能量汤里最初创造出氢原子那一刻发出的光的残余，当时距离一切刚

调到"头脑风暴"频道

开始才过了 40 万年。就像宇宙的其他部分一样，

这道光在过去 138 亿年里一直在膨胀和冷却，从 3 000℃掉到了现在的绝对零度（任何事物可能达到的最低温度）以上 3℃。而且它并不能保持为可见光，它冷却的时候被拉长成了微波，这就是为什么你的复古接收设备可以检测到它。

天文学家们调试着他们日渐强大的射电望远镜和

探测器检查整个天空，从而绘制出这些辐射的波峰、波谷和模式。他们发现的结果是微波朝着所有方向几近平滑地传播，这符合一个均匀膨胀的宇宙的设想。但是仔细观察之后，科学家们发现了在整个环境中温度的微小差异。数据里充满疏密不均之处，表明大爆炸之后的宇宙在密度上有微小的差异。早期宇宙中密度略高的部分容易黏在一起，吸引更多东西一起来玩，结果就形成了恒星、星系和所有我们知道的物质。你想知道科学家对宇宙的开端、它的年龄和它可能的终结为什么这么确定？CMB 数据是他们对此如此确信的一大原因。

阿诺·彭齐亚斯和罗伯特·威尔森首次鉴别出了大爆炸挥之不去的回声：十年来他们苦心孤诣地利用最新的射电天文设备，位于新泽西州的霍姆德号角天线，扫描了天空好多年。一开始他们以为数据里的背景"哼哼"是在设备里筑巢的鸽子屎 H1，但在把鸟（和屎）弄走之后，噪声仍然存在。在排除了所有其他可能性后，他们最终不得不接受这一事实：自己侦测到的是宇宙微波背景辐射，一个来自时空黎明的信号，这个信号证明了大爆炸理论，并且让他们获得了 1978 年的诺贝尔奖。

要是他们有一晚没去上班，而是打开了电视机……可就能给他们省下不少时间和橡胶手套了。

就算你没有调到正确的频率，只要把手举到脸前。任何时候你的指端上有大约 400 个来自大爆炸的最初质子，从那时一直到现在。

H1／"白色绝缘物质"——如果你想知道鸽子屎的科学表述。

房间里的万象

因为整个英国都在电子化，现在要看一眼宇宙的最初时刻已经容易多了——只要你有合适的设备，因为真正的电视节目都没法让你看到半点烦人的干扰。《生活大爆炸》可能在模拟电视上已经没得看了，但大爆炸还在。对你来说可是真正的科学进步。

特殊来宾专场

现在，有请另一位科学明星发表简短陈词。他们刚刚结束了一次环世界旅行——精确地说，世界刚结束了一次环他们的旅行。他们是绝对的星光辉耀，在自己的领域里掩住了他人的所有光芒，让我们热烈欢迎——太阳！

谢谢，科学咖们。

很高兴能为这本书添上一首我的诗，尤其是它是在英国出版的。我在那里不怎么露面。我借这个机会无偿地为海伦和史蒂夫写点东西是有原因的。你们地球人越来越不欣赏我了。

在过去的美好日子里，你们曾经崇拜我。但现在你们都在忙着找别的太阳系里的类地行星。忙着观察头发油腻腻的曼彻斯特物理教授指给你们看的遥远星系。你们知道我说的是谁……*

百分百诚实地说，我已经受够了被忽视。

换句话说，这家的太阳要吹胡子了。

* 译注／布莱恩·考克斯，曼彻斯特大学物理教授，《量子宇宙》作者，科学节目"奇迹"系列主持人。头发好像是有点油。

孤独太阳的歌谣

我曾是明日之星
现在我只是某个太阳
一百千亿亿个
之一

你们视我若敝屣
拿我命名小报 *
跟拍拍垃圾同义
在电视上给布莱恩·考克斯当背景

从埃德温·哈勃以后都变了
其他恒星的照片把我挤出了相框
你们都没给过我一个合适的名字，就像

半人马座阿尔法

房间里的万象

金牛座艾普斯隆
天秤座德尔塔
我甚至可以接受 HR2948＊＊
或者凯文?

你们都有核聚变了——哦干得好!
变氢为氦——好可爱呀地球人!
这货我每秒能搞出6亿吨
我要是玛丽莲·梦露你就是……
……单向度乐队那个名字忘了的＊＊＊

你应该停在哥白尼那会儿
那我就还是你宇宙的中心
你说我只是一球的气
我觉得你在说个天王屁＊＊＊＊

140万公里＊＊＊＊＊
这是我的直径
来严肃地告诉我,看着这个参数
你可曾好好致敬?

嘿! 嘿! 哈! 嘿!
我总有一天变成红巨星＊＊＊＊＊＊
到时候你球被火焰吞没
但记得在脸书上粉我＊＊＊＊＊＊＊

未来之事

7

FUTURE STUFF

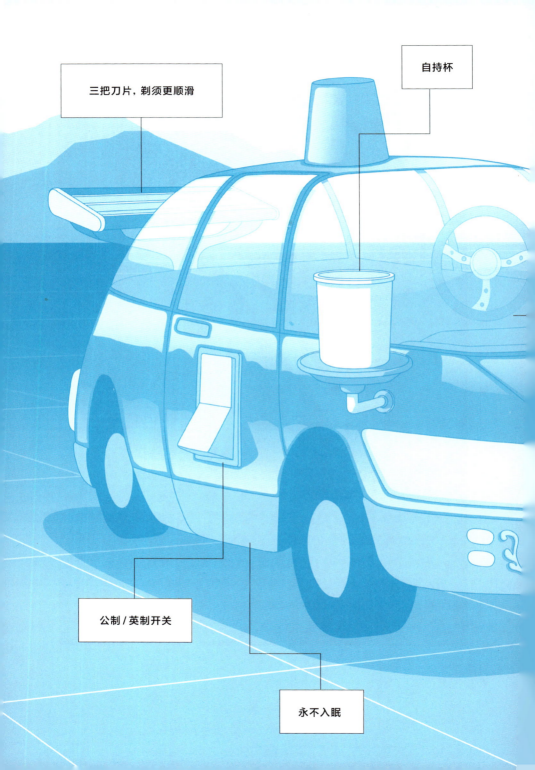

三把刀片，剃须更顺滑

自持杯

公制 / 英制开关

永不入眠

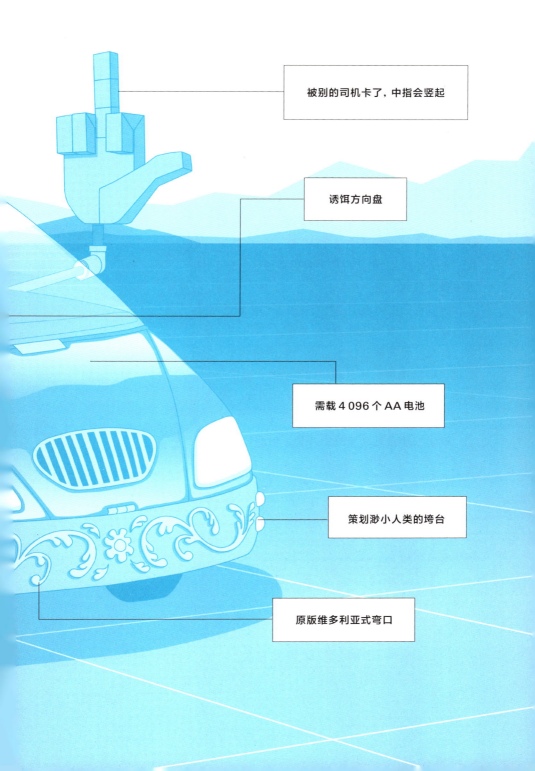

被别的司机卡了，中指会竖起

诱饵方向盘

需载 4 096 个 AA 电池

策划渺小人类的垮台

原版维多利亚式弯口

在科学奇客节总部，此时此地，我们盯着水晶球，发现了一些惊人的东西比如……石英的折射率。这意义重大，但比起诺查丹玛斯预言，还是更接近牛顿的预测。

所以我们把球扔了，去关注当下和再现的趋势。从自动驾驶汽车到人体冷冻，在这一章里我们会看到：惹人喜爱的某些技术会把我们带到哪里，为什么过去的错误将来还是和我们不分离，再钻研一下那些比我们更聪明的极客们，做出的误入歧途的预测。

科学咖能看见未来吗？不能。但那挡不住我们去试一试……

242

房间里的万象

自动驾驶汽车

自动驾驶的概念并不新。1972 年，政府提出在伦敦建立一个系统，改造或新建一些道路，其实就是造轨道。

神奇的是这真的成了，你现在还可以在东伦敦看到一部分。它名叫多克兰轻轨。

在一个被控制得很好（因此不会发生任何有趣的事）的环境里，自动驾驶车辆已经很熟练了。比如说，自动驾驶康拜因收割机是现代农业的主流。

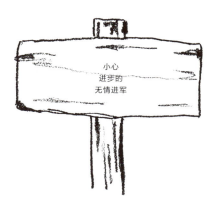

小心
进步的
无情进军

甚至火星表面的环境对于自动化来说也是宽松的，火星车们已经证明了这一点。真正的难题是周五晚上的纽卡斯尔市中心这种地方。如果你是个机器人（或南方人）H1，纽卡斯尔比火星让人头昏得多。

H1／史蒂夫就是来自纽卡斯尔，所以他可以这么说。

这就是每个人在谈论的那种真正的革命：自动驾驶汽车开上公共道路，人工智能在一团混乱和不可预测的人类汽车驾驶员世界里照顾好自己。

而人们现在在谈这个，是因为计算机已经足够强大到可以和一个好司机一样做出复杂决策了。

Waymo 是目前最大的无人驾驶汽车公司，过去是谷歌的自动驾驶汽车计划。到 2017 年，他们的车已经有了 300 万英里的驾驶经验。这些经验通过蜂巢思维（车子的大脑网络）共享给每一辆车互相学习。但重要的并不是脑，而是传感器。从这个角度来说，Waymo 的机器人出租车司机比人类高级多了。除了能即时看到所有可能方向的高清摄像机和传感器，以及旋转的激光产生纤毫毕现的周围世界模型，他们还牢记整个谷歌地图。他们甚至有一个相当于内耳的东西，所以能知道自己在空间中的方向。不过要是原地回旋太多圈他们可能会头晕。

让我来开，迈克尔

Waymo 计划最终向公众启动完整的自动化汽车大脑，不过这不是自动驾驶的唯一道路。BMW 和另一些厂商的考虑是，制造和销售逐渐自动化的车辆。比如说，他们推出了一款车的巡航控制装置可以管变道，然后再推出一个车可以管插入车流中，等等，如是递增。问题是：总有一天，它可以自己开车而几乎完全不用人类干预，但偶尔它会突然说，"哎哟，对不起，我需要你接手，我没招了。"但这一刻，很可能你已经关机了，于是你的大脑需要在数秒之内从 0 起步到 60 迈。吓人。

Waymo 称，这就是为什么一开始就应该投入完全的自动驾驶，其他玩家则选择跟进。不过，人们喜欢熟悉的东西，不喜欢变化。所以我建议 Waymo 再做个机器人，放在乘客座上批评车载计算机的决定。

未来会是什么样？汽车的发明者亨利·福特说过："我要是去问人们想要什么，他们会说更快的马。"其实他应该没有说过，但重点是，我们不太懂未来的我们会想要什么。自动驾驶汽车是个很好的例子。我们想象完全拥有自己的自动驾驶汽车，但是未来很可能不是那个样子。说不定你会订上一队车，在需要的时候就有一辆开到家门口，等你到目的地的时候就不用操心停车了。

你就不该待在中间车道上，你就没听说过指示灯吗？！

电车问题

关于自动驾驶汽车有很多争议，其中包括了一些道德问题。比如说，如果自动驾驶汽车撞伤人了是谁的责任？或者如果自动驾驶汽车需要做出选择，是直行杀死一个行人，还是转弯杀死乘客？这像是经典的无解哲学问题——电车难题——的一个现代变形。

我有时听到人家说另一种观点："可是我喜欢开车！"不。你不喜欢。你喜欢的是驾车这个概念。车，是被打包在开放道路的梦想里卖的，但那不是现实。现实是堵在车流里被人边上叭叭按喇叭。

有些人担心科技巨头会控制我们的车。比如谷歌吧就有些厉害的竞争对手，显然第一批的初代无人车会拒绝载你去苹果店。

在安全问题上倒是不用脑子想都知道：比起今日这些又蠢又犯困，自私愤怒加近视，有时还醉醺醺的人肉驾驶车辆，自动驾驶车更安全。

所以，是的，确实有理由害怕自动驾驶汽车，但曾几何时人们也怕自动驾驶电梯。结果自动电梯重新定义了城市的内涵。无人驾驶车辆说不定也能做到同样的事。

房间里的万象

你在冷柜里的未来

关于未来的有个很大的好处是，未来还很长。感谢现代医药的奇迹，每代人能够享有的未来都比他们的父辈要多。我们的预期寿命在过去200年里增加了一倍。有些医药研究者预测，第一个能活到150岁的人类已经出生了，根据英国国家统计局的推断，每三个2016年出生的婴儿当中就有一个能活到100岁。

这时感觉很贴近自己的生活，我去年有了个女儿，想到她有1/3^{H1}的概率活成百夫长就让人很震惊。

我都不知道罗马军团还在招人。更不要说他们还招女人！^{S1}

所以我开始想……有没有什么办法能让我自己和下一代拥有同样的生存机会？

有个选项是找更好的父母——于是有更好的基因——来增加我的潜在寿命。这个选项意味着首先需要发明时间旅行，而一旦带上我的《回到未来》婚介手册跑去20世纪80年代初，到时候还得冒从未存在过的风险。

还不如打扮打扮我现在的基因序列呢：研究者正在寻找干扰端粒的方法，端粒是一种内部自毁系统，一旦细胞复制到特定的次数，端粒就会把它们干掉。还有一条路：找到并操纵特定基因来增加寿命，这在小鼠实验里有些积极的结果，但目前距离搞清楚副作用——以及在人类身上测试——还很遥远。

另一个主意是更频繁地锻炼，好好吃，保持精神活跃，参加社区活动并追求快乐，不管身处怎样的境地。呸！太费劲了。

说不定有办法可以跳过所有这些无聊的东西，带着身体原封不动直达未来？

我丈夫有个建议：以接近光速的速度远离地球，晚点回来的时候就会发现时间在地上流逝得比在我们身上快。好主意，但是想要往未来方向穿越足够长的距离，我俩余生绝大多数时间都得在宇宙里飘着，身边只有彼此的陪伴。不了谢谢。就算宇宙飞船里有网飞（Netflix）也不行。

不不，我还是想要科学的一次性解决方案，就算得搜刮物理学的边界。然后，你瞧，有的：我可以冰冻自己的躯体，在未来某个时刻复活，让到时候的医疗技术搞定剩下的问题。简单！

● ●

"如果答案是人体冷冻，不要相信问出这个问题的人"

好好，你还需要些更有说服力的东西。我也是。以下是一些明确的优缺点。

 你有些不错的同伴。我们都知道，沃尔特·迪

H1／一个谜之有着超棒医疗设施的末世后的贫瘠废墟。

斯尼就被人体冷冻了。所以就算未来地球是一个末世后的贫瘠废墟，[H1] 你复活仓里也有个能编故事的人。

不幸的是这是假的："冰冻迪斯尼"是个幻想故事。最著名的人体冷冻者是 2002 年的棒球传奇泰德·威廉姆斯。最早的是 1967 年的心理学教授詹姆斯·贝德福德。在那些跟进的入场者中，有些状态比别人好：在早期储藏设备中有一个真空泵坏了，所以有些人化冻了。这足以让你再也不想看《冰雪奇缘》了。[H2]

H2／和那些女儿比我的大一些的朋友们谈过以后，我意识到这是不可能的。我接下来 10 年每天至少要看一次《冰雪奇缘》，足以让你渴望一个人体那么大的液氮瓶带来的和平与安宁。

以医疗技术的进步速度，如果你等得足够久，不仅任何致死状况都能被治愈，甚至那些生活中的小问题都不会再困扰你。胳膊肘上那块干裂的皮肤？焕然一新。爬楼梯时经常扭到的脚踝？搞定。当你意识到所有你爱过的人都早已消失带来的孤独？对不起，那个没得治。

法律上，你在身体能够进行冷冻之前需要先宣布死亡。最好的情况下，这也会让你的遗产税单一团糟，往坏里想，你曾曾曾曾曾孙的脑袋可能也会糊。很明显，已经死掉也会让复活流程变得有那么点困难。

H3／"任何别的东西，都好过这个，"我丈夫说。看起来我圣诞节只能给他弄个家庭手工火葬工具包了。

进行冷冻保存也许会让你感觉好些。如果你没有订阅任何信仰体系，一个未来能够复活的希望，或许正是你此时此地所需要的东西。至少，用来做下一个周年纪念日的礼物很棒。还有什么比双双人体冷冻预约券更浪漫的呢？[H3]

抗冻

吸管给我，我现在就把这杯玛格丽特喝掉。生命短暂，及时行乐。

它可能没用。还记得第 5 章里的冰冻草莓吗？当它们解冻的时候，所有的 DNA 都在一些菠萝汁和酒精的帮助下掉出来了。作为水果味玛格丽特很好喝，但对保存你的脑灰质就不好了。这就是为什么在大冻人之前，他们会把血液换成某种防冻剂——为了减少冰晶体积膨胀造成的细胞损伤。在足够低的温度下，所有东西都会变成固体，这也能保障它在未来的完整性——这个过程叫玻璃化。这招对加拿大林蛙或许有效，它们体内有天然的防冻剂能帮它们以活冰块形式撑过 7 个月的冬天，但是没有迹象表明人类这个体型也能做到。

 但它有可能成功！如果成了，你就是人体冷冻革命的先驱！今天，冻卵和冷冻精子在真实生活中都已经司空见惯了，虽然跟完全发育的成年人相比，生殖细胞和胚胎还是一坨很不一样的细胞。关于保存移植器官的先进冷冻技术研究一直有进展，在实验室里，人类心脏少量组织的保存也有不错的成果。一天几英镑算得了什么？把早上的拿铁省下来，就能买一份保障，让你死后尽快冷冻躯体。命运青睐勇敢者，等到那些未来人类最终解冻复生，他们就成了凡人中行走的神。最后，别忘了：如果你决意做这件机会渺茫的事而它最终没成，至少你永远也不会知道。

 说了这么多，还是有可能没啥用。而且，就算科学最后能搞定，也没有迹象表明你能完整保留自己的知识、记忆或个性。更不要说经济问题：全人体保存价格高达22000英镑，而且你还得准备好某些长期投资或信托，来支撑你在后冷冻时代生活方式的医疗需要和各种坑。把希望寄托在冷冻梦想上的人越多，这梦想实现的可能性越小。想象半数地球人口和大多数地球现金都被绑在了给$-196\,°\text{C}$液氮箱保温上……总得放弃点什么吧？

该（哔）我们卡住了——
未来并不光明

在伦敦的科学博物馆，漫步于"建造现代世界"美术馆，你会看到人类取得的许多进步，一个工程奇迹接着另一个，从蒸汽机到超级计算机。这个美术馆里少了一些东西：那些一路上伴随我们到今天的糟心事。你可能会想：不就是这样吗？进步筛走了那些烂点子，它们都消逝在历史中了。为什么要展示那些没活下来的主意呢？只是，现实并非如此。有些时候我们都没有意识到某个主意其实很糟，直到一切都太晚了没法改，于是进退两难。

S1／严格来说电流是电荷的流动，而电荷是粒子携带的。大多数情况下这些粒子是电子，但也不总是如此。比如说，还有电解质溶液里的离子流或者半导体里的"空穴"流。

往回流的电流

拿电流举个例子。你可能知道，电流是名叫电子的粒子的流动，^{S1} 所以当你打开比如一个手电筒的时候，电子从电池里流出，经过一些电线，经过灯泡，再经过一些电线，回到电池的另一头，就像这张图。

看那些流动的电子！那么电流是往哪个方向？答案显而易见；它应当跟电子们一个方向。应当如此，但并非如此。电流的方向和电子流动的方向是反的。这是谁的笨脑子想出来的？——你也许想问。答案是本杰明·富兰克林。但当时并不是因为笨。只是运气不好。

在富兰克林之前，查尔斯·弗朗索瓦·德·西斯特内·杜·费注意到了摩擦玻璃和丝绸会产生一种电荷，摩擦树脂和毛皮则会产生另一种。[H1]他分别称之为玻璃电荷和树脂电荷。而且，非常关键的是，他注意到如果把树脂和玻璃放在一起，这两种电荷会互相抵消。

H1／更多静电派对实用战栗实验，见177页。

富兰克林提出了一种"单流体"解释，他认为一种电荷是因为流体有余，另一种则是因为流体的不足，所以互相接触会让流体从多余的物体上流到不足的物体上，这就能解释观察到的抵消现象。富兰克林建议把有余的流体叫作正电荷，不足的叫负电荷。于是正电荷流（一种电流）会和流体的流动同方向。我们现在知道这种"流体"是携带电荷的粒子。而在摩擦玻璃和树脂的例子里出现的粒子是电子，和电路里流动的是一个东西。

在那个时候没有人能设计出实验来确定这种流体是什么东西，或者它往哪个方向流动。"有余的流体"是在玻璃上，还是在树脂上？我们不知道富兰克林为何这么选：他决定管玻璃电荷叫正的，树脂电荷是负的；玻璃上的是有余流体，树脂上的是不足流体。我们现在知道事情正相反。是树脂上积累了电子"流体"，

房间里的万象

电子就是这么带上负电荷的。

负电荷往左流等于正电荷往右流，这就是为什么我们会遇到这种迷惑的情形：在电线里，电流和电子流动的方向是反的！

● ●

一个派里有太多 π

这不是唯一一个让我们上下不得的不幸想法。另一个例子来自数学世界：π！没错，数学常数 π（pi），数学家们那么爱它，其实它……太小了。

"等一下……什么？π 不是一个圆的周长和直径比，你是说它不是 3.14159……？"

冷静，你看着气呼呼。我的意思是，π 是圆常数。我们选择这个数字来代表圆的基本属性。但我们选错了！在数学中，当我们谈论圆（就是写一个关于它的等式）的时候，我们几乎就是在讨论它的半径而非直径。部分是因为方便，但也是因为我们对圆的定义——在纸上画一个点，选择一个距离（比如七厘米），然后找出和你刚画那个点距离是 7 厘米的所有点。

恭喜！你画了一个圆。其实你是画出了一个圆的定义。一个圆就是距离某个中心点固定长度的所有的点。这个距离就是半径而非直径。所以，圆常数不应该是周长和直径的比。它应该是周长–半径比。你大概发现了，如此，π

7 厘米

的值应该比现在增加一倍。也就是说，圆常数应该是6.283……。

你可能觉得这是没事找事。但不是。

让 π 只有 3.14159……，会让数学做起来更难。比如说，你要用半径而非角度来测量一个角（顺便说一句你就该这么算，这样好玩多了，而且正经数学家都这么做），那么，绕着一个圆完整的一圈，是一个 2πr（r是半径）的角。绕半圈，就是 πr。四分之一圈是 π/2（或半个 π）r，等等。

这个角是 2π	这个角是 π	这个角是 π/2

整个圆	半个圆	四分之一圆

如果你把 π 值变成现在的两倍，那这个角就始终是 π 乘以绕圈的量了！这个关于 2 的因数真是让人头昏。老练的数学家们已经能熟练应对这种不便，但对初次探索数学的人来说这就是一个理解障碍。如果完整的一圈是 πr 不是更好吗？那半圈就是半个 πr，四分之一圈是四分之一 πr。多清楚！多简单！那就是 π=6.283……带来的好处。

你可能还注意到，等式里老是出现 2π。

比如，在定义上，一个圆的周长是：

$$C = 2\pi r$$

或者 I 的 π 复根：

$$z = e^{2\pi i/n}$$

它也在傅里叶变换里，和极坐标下对整个空间积分的等式里——还有很多。而且我不是只挑了对的说！如果所有的等式里都只有一个 π 而不是 2π 该多好！

那，圆的面积呢？

面积 = πr^2

如果 π 是现在的两倍，等式就会变成：

面积 = $\frac{1}{2}\pi r^2$

你可能会说，有个 ½ 看起来就不太齐整，让我们还是坚持原来的定义好了。但事实上，½ 这个因数非常重要，它告诉了我们关于圆面积的一些事情。想想其他公式：

动能：$\frac{1}{2}mv^2$

重力下物体掉落的距离：$\frac{1}{2}gt^2$

它们和圆面积的共同点？都有一个平方项（r^2, v^2, t^2）而且都有一个 ½。这并不是巧合。这些式子都能用一种叫积分的东西来推导。比如，当你积分了 x，你就会得到一个 $\frac{1}{2}x^2$。所以这里的 ½ 是有含义的。它表明圆的面积是做积分的结果。而在 π 的标准定义下，这一事实十分模糊。

这就是那种沿用至今导致所有人都卡住了的例子。我们不可能让所有人都接受 π 值的更改。那得烧掉所有的旧教科书！

但还是有办法可以回避掉这破事的。我们只需要定义一个新的常数，管它叫 τ（tau），等于圆的周长和半径比，或者 2π，它会让我们所有的等式都美美的，让圆的数学简简单单的。那我们就不用换掉旧书了，只需缓缓引进我们这个高级的常数。这不是我想出来的。如果你不以为然，去看看鲍勃·帕莱和迈克尔·哈特尔的出色著作吧。

复古未来潮！

　　我十几岁的时候觉得，到了现在这个时候，很多事情都早就被科学搞定了。令人失望的是大多数都还没……有吗？

　　比如侏罗纪公园。在这部 1993 年的电影里，热爱自然的科学家复活了已经灭绝的恐龙，创造了一个神奇热土，在这片青翠的小山坡上，到处都是可爱的迅猛龙宝宝和怪里怪气的嗜血霸王龙。要是哈佛的一队科学家有那个路子，他们很快就能用最新的基因编辑技术 CRISPR 调个大象 DNA，搞出一更新世公园的猛犸象来，让这些四条腿大块头的活历史自由咆哮在西伯利亚野保区了。

　　可能你和我一样，仍然保持着孩提时上月球旅游的雄心壮志。但，只去月球？呸。去火星一号排队吧，这个组织在尝试让人类登陆火星并建立永久居所。虽然红色星球单程"票"的申请暂时关闭了，另一个雄心勃勃的商业空间飞行计划 SpaceX 正准备于 2018 年带着第一个旅客绕月飞行。如果一切跟着计划走，这将是 1972 年阿波罗任务之后首次人类离开近地轨道。*

　　还有，怎能漏了克罗伊登气压铁路！这段公共运

*译注／2018 年 9 月，SpaceX 成功载人完成首次私人绕月飞行，第一位乘客是日本企业家前沢友作。

输系统用的是真空动力管道列车，本应经过位于伦敦东南的我家草皮。它早在 1840 年代就经规划和测试，耗资 50 万英镑，但从未真的向公众开放过，主要因为那时的技术是皮阀和蒸汽引擎构成的。快看，那不是高铁吗！把蒸汽动力改成悬浮超导体，克罗伊登换成加利福尼亚，基本上就是同一个概念卷土重来。虽然新的版本未必能管用，而且价格已经飙出老高。

有一个科幻里的技术还活在我的心中。那时家里唯一的屏幕，是一个单阴极射线管电视，幼小的我记得在那里看到了一个不可思议的未来设备：《星际迷航》里的通信器。

能够穿越茫茫宇宙和某人即时通话，或者至少能和十公里外和爸妈住在一起的好朋友通话，是十几岁的我最大的心愿。对，1990 年代那会儿这事在技术上是可能的，但是得两个人手里都有楼砖那么大一个手提电话，每个的价格均约等于一栋砖楼。而且这个科幻剧里的通信器不只是聊天工具，它还是便携式知识库，地理位置指示器，还能让你用语音来测试舰船上的电脑。送我上去！ *

我们现在手头上有的设备有多接近了呢？

事实上，相当接近了。

智能手机通过接入互联网、GPS 技术和语音控制，可以做到以上绝大部分。噢对，它还能打电话呢。

但是还没有物理学进展能解决茫茫宇宙即时通话的问题。光速通信很简单，但有些内在的限制。在"一动不动"到"无限速度"的范围内，组成可见光的电磁

* 译注／此处原文 Beam me up 是《星际迷航》里柯克舰长指示船员用光束将自己传送回飞船的常用语。

房间里的万象

辐射聊胜于无。

要发送一个光速信息到一光年外的进取号旗舰，就得等两年才能得到回复。如果想要和停在离我们第二近的恒星 [H1] ——半人马座比邻星轨道上的姊妹飞船对话，大概一趟得花 4 年。发送一个信号到月球再回来，一圈 2.5 秒，会让对话变得很尴尬。不过你要是发现那里真有人跟你对话，那会更尴尬……

一些理论物理学家会告诉你，量子纠缠是我们所有问题的答案。但除非他们能搞定粒子远距离同步问题根本上的诡异性，否则这些观点还只是理论天空上的理论大饼。

从 1966 年首次播出《星际迷航》以来，计算机设备越来越小，处理机能则越来越强。世界上首个便携式计算机——做成指环状的小小算盘，300 年前在中国就已经使可穿戴技术落地了。今天的手提电话不过是这条曲线上的另一个数据点，这条摩尔定律的曲线表明，技术一直在变得越来越小，越来越快。

它倒不是一条真的"定律"，更像是一个观察结果，不过时光变迁始终证明其正确性。英特尔的联合创始人戈登·摩尔 1965 年环顾计算机硬件行业，发现塞进一个电路板的晶体管数量每年都会翻一番。[H2] 从那时候到现在，证据多多少少 [H3] 支持了他的假设：计算机芯片的性能大约每 18 个月就会增加一倍。[H4]

计算机能力的这种指数级增长，就是为什么类似科幻小说的通信器现在会拿在你手上的一部分原因。但下一步呢？这个更小、更快、更强大设备的趋势会永

H1／最近的当然是我们的太阳。第六章特邀嘉宾没让你有点数吗？

H2／他在 1975 年把时间调整为每两年一翻，但大体上就还是他说的那样。

H3／我想要把这句话写成"摩摩少少"但是史蒂夫不许。

H4／尽管有一个并行的真理叫沃斯定律，声称随着计算机能力的增强，软件运行会指数级变慢，所以升级硬件带来的净收益会比你想的要小很多。

远持续下去吗?

　　有一些迹象表明摩尔定律可能会趋于平稳,想想就知道终点在哪里。在每平方英寸电路板上挤进的晶体管越来越多,最终意味着每个晶体管大概就单个原子大小。大约在 5 纳米(约 1 米的 5 亿分之 1)电子通过一个微型电路时可能会跑偏到不该去的地方,从而造成损毁。就算英特尔也承认了,他们预期我们现在所依赖的硅芯片会在 2020 年到达极限。

　　到那时候我们就需要一种全新的电路板才能保持这个步调。或者我们只需要期待人工智能可以演化出比人更好的编程技能,然后计算机自己就能收拾这摊东西了。也许那些理论物理学家和他们纠缠的粒子已经解决了前方所有实际问题,然后启动了量子隧道技术?让我们双手合十。并且不合。同时。

　　如果你等不了那么久,也有一个接近未来的变通

　　　　　　　房间里的万象

方法能让你得到自己的正品科幻通信器。你可以买一个《星际迷航》道具的复制品通信器，用蓝牙连上你的手机。

我打赌摩尔没想到这招。

自选结局
（已知宇宙版本）

你是宇宙。

你渐渐膨胀入永恒虚空。

你活了 138 亿年，[H1] 前后相差 1 亿年左右。

你很无聊。

它在使你远离一切，所有这些无尽的膨胀。

"啥时候是个头？"你想，叹气，导致了一个巨大双星系统爆炸。两个超新星发出的引力波，荡漾着划过你的表面。

"哎哟！"你说。

然后再来一次，因为好玩。

毕竟看着挺美，而且还打发时间。

翻到下一页。

H1／你看起来只有 130 亿岁，真的。

你现在 210 亿岁了。

你还在朝着无尽虚空膨胀。

人类终于安静了。其实他们安静挺久了，但你没太注意。几千年来你都在他们无意义的絮絮叨叨里放空，他们在吵什么哪块小石头归谁，为什么那块冰冻的白东西那么快变液体了，光都去哪了，怎么就没食物了，先吃谁，太阳怎么又大又红，之类的……

他们在那里的时候你从没怎么留意过。

现在，突然，在你自己空间的空旷无垠之中，你有点想他们了。

你想等着看看在自己无穷的体积下他们会不会重新在哪儿长出来。

……

他们没长出来。

你非常、非常没劲。

翻到下一页。

你找到一本书，科学奇客节的《房间里的万象》，它就在那里飘着，在某个过去是银河系的外旋臂的某处。激起了你的好奇心。

你读了海伦的手工自制石蕊面条。

几百万年来你眼中第一次燃起了激情。

你去看了厨房柜子。

里面有包鸡蛋面。

"很顺利！"你想，"再来点姜黄就能玩儿了！"

你继续翻柜子。

没有姜黄。科学实验已经下市了，至少在这个永恒里没有。

你真的感到好悲伤。十来个星球滚出轨道，撞进了它们的太阳，爆开壮丽的光。

在第6章，你看到了史蒂夫讲熵的那一章。

你第一次意识到，你不可避免的命运，是缓慢而无聊地趋向于热寂。

你真的真的好悲伤。在你沉思自己最终的消亡时，一整个星座的恒星撞到一起变成了超大质量黑洞。

你想知道自己是否能做点什么来扭转命运……

翻到下一页。

267

"去他的，"你想。"我是宇宙！我想做什么就做什么。"

你会：

把所有的暗能量转化为暗物质？前往 267½

把光速变为现在一半？前往 268

增加希格斯玻色子质量？前往 269

提高暗能量强度？前往 270

啥都不干？前往 270½

267½

你一直觉得自己带了很久的这些暗能量很可疑。

说不定这就是你为什么一直像这样膨胀的原因，一路走向不可阻挡的热寂之死。

"也许把它变成暗物质，我就能让事情变慢？"你想，"没准还能逆转无聊的膨胀呢，怎么都比现在好吧！"

所以，你成了 95% 的暗物质，取代原来的 68% 暗能量，27% 暗物质和 5% 可见物质。

有那么一会儿，你的脉冲和脉冲星都紧张得跳得快了点。

你还在膨胀，不过比之前慢了一些。

你是否：把多余的暗物质变回暗能量？前往 267

从什么地方再召唤一些暗物质来？前往 271

放弃了，准备长期抗战？前往 270½

什么都没发生。

每样东西现在的速度都是原来一半，或者也可能不是，取决于你的参考系。你的物理定律和量度都调整过以适应变化了。这只是粉饰了你的问题，并没有解决它。

你意识到爱因斯坦还在的时候你应该听一下他说了什么的。他曾经打来想问些问题。你从没回电话。

你还在走向热寂，但现在更久了。

"好极了，"你想。"今天真开心。"

你觉得，也许你想要的是个更激烈的效果。想要实现它，你得调整一些更基本、更本质的东西。某种不是被测量单位所定义的东西。

某种也许像精细结构常数那样的东西：你的电磁强度。一个无量纲常数！那没准有用。

电磁强度维持着你的原子和分子。把它改掉显然能有点效果？不过你不太确定。

听起来很冒险。

你是否：

把精细结构常数砍成原来一半？前往 271½

因为干出把光速减半这种菜鸟举动，踢自己一脚得了？前往 267

你发现 —— 但已经晚了 —— 你以亚稳态存在。

希格斯玻色子质量经过精细调整以维持你现在的状态。

调整得过于精细，甚至其能量的微小变化都会导致灾难性事件将你毁灭。

由于希格斯场崩溃了，一个含有新的真空状态的泡泡出现了。

它以光速膨胀，清除道路上的一切。

当它把你完全吸收，你扬起了一边的宇宙眉毛说，"噢，这可真没想……"

你没说完。

你告终于大吞噬。

在一个平行宇宙，你回到 264 页。

完。

你开始以更快的速度膨胀。

你所有的物质，从中心到边缘，都比过去更快更猛地往外冲。

你控制不了它。你胖得像个宇宙爆米花。

星系摧毁。恒星崩碎。行星爆裂。

绝对发生了些什么。

你 360 亿岁了。

你告终于大安息。

前往 271½

你继续膨胀，无休无止。

星系拉长成永夜。你的恒星闪耀着吐出最后一口气。

你的所有物质，过去曾经独一无二地聚合成太阳，行星，黑洞和宇宙尘埃，现在都完全平均地分布在了你的无垠之中。

达到了热力学平衡。

熵已经最大。

你告终于热寂那不可逃避的倦怠无聊。

你现在一兆亿亿亿亿亿亿亿岁了，大概。

"这可真是"，你用最后一点儿能量集合想道，"实在是没劲到爆了。"

完。

你的膨胀变慢了。

"现在我们真的有点进展了。"你想。

不仅仅是变慢，你的膨胀停止了，你的外部边缘开始收缩。

因为你在朝内坍缩，物质都被拉到一个超密度状态，星系们挤成一团，恒星融合，行星们像嘀塔糖一样叠在一起。

重力把你越拉越紧，变成一个无限密度的黑洞奇点。

你告终于大挤压。

过了一阵子，你爆发了一次新的宇宙大爆炸。

你等待了大约 138 亿年，前后相差 1 亿年左右。

突然，你有了自我意识。

前往 264 页。

271½

物理的力量不再能涵盖你的物质。

你的完整性被撕裂，炸得粉碎。

单个原子被撕成碎片，所有类型的物质都崩溃了。

你变成了一锅次原子粒子和啥都没有的浑汤。

"感谢老天终于结束了，"你说。

完。